AI 심리게임 입문서

크라운출판사
국가자격시험문제 전문출판
http://www.crownbook.com

어떤 Book인가?

4차 산업으로 진입하는 현대사회에서 각각의 개체는 예측불허하고 다양한 상황과 새로운 문화에 직면하여, 그것의 인식 유무에 따른 스트레스가 원인인 만성 질환이 급증하는 시대에 살고 있다.

이에 따라 발생하는 난해한 갈등 구조와 대립을 해결하기 위해 각종 해법들이 제시되고 있는 이 4차산업혁명 시대에 개인과 가정, 또한 지역사회(Community) 및 일터, 더 나아가 질환과 관련한 곳에 이르기까지 활용할 수 있는 새로운 해결책(Fresh Solution) 자료(Data)화되어 있는 '다큐멘터리 Self Medication & Decision'이 10년의 연구와 임상을 통해 완성되었다.

인간관계의 범주에 있는 모든 사람에게 심리적 접근(Approach)과 각종 의사 결정, 신경정신과 관련 질환, 스트레스 질환, 소아정신 신경성 질환에서 다루어지기에는 비효율적이며 회복과 완치에 대한 확고한 보장이 약에 의존하는 현실에서 피상담자와 그의 가족들이 다른 것에 의존하던 것을 자타 진단 심리 처방이라는, 자율적 관심과 실천으로 경제적이면서 건강이 증진되고, 기존 고정관념을 넘어서는 흥미진진한 Dynamic 해법으로, 누구나 성인 기성 건강 의료 문화에 100% 의존하여 오던 방식에서 급기야 대변혁을 가져온 대중 학술 상식서이다.

추천의 글

심영도 교수는 15년 동안 약업 관련한 공동의 일로 자주 만날 때가 있었다. 그럴 때마다 그는 약사가 실력을 겸비할 필요성과 그들의 균형 잡힌 행복에 대한 많은 꿈을 말하곤 했었다. 그때는 잘 와닿지 않았으나 이제 보니 심 교수는 그 목표를 현실적으로 잘 실현시킨 주인공으로 이에 찬사를 보낸다. 자신의 꿈보다 선결하여 다른 사람들의 꿈을 실현한 것이기에 더욱 가치 있는 것이리라. 나도 진정한 건강과 행복에 대한 풍부한 지식을 강의하는 위치에 있지만 심 교수는 심오한 이론을 발견하여 현실에서 누구나 쉽게 적용할 수 있는 Life 공학 실용 학문을 정립시켰다. 이는 역사적 사건이라 감히 말하고 싶다.

약사 이정우

나는 이 서적을 읽으며 소설처럼 빠져들어갔다. 이유인즉 신세계를 탐험하는 것 같기도 하고, 문자와 숫자를 조합할 때 나도 모르는 사이에 게임을 하며 승부를 가르는 듯한 묘한 감흥의 파도를 타는 듯했기 때문이다.

그렇게 200여 페이지 이상의 분량을 단 한 번의 쉼 없이 읽었다. 물론 어린이의 여러 지(智), 정(正), 의(義)와 관련된 치료 학문을 가르치는 교수이지만 그 전문성 과와는 무관하게 아주 새로운 재미와 심리 처방 게임의 효험을 친밀하게 이해하며 발견할 수 있는 경이로운 책이다.

前 광주대 언어심리치료학부 교수 한춘근

저자 서평

파울로 코엘료의 『연금술사』에서 주인공 소년은 보물 지도가 있다는 목적지에 도착하여 지도에 그려진 대로 피라미드의 부서진 돌을 들추고, 안에 있는 보물 종이를 꺼내어 낸다. 하지만 그 의미를 도저히 알 수 없어 실망하는 것으로 이야기가 마무리되며, 목적지까지 달려온 여정 자체를 가치 있는 것으로 평가하는 것이 이야기의 주제이다. 차이점이라면 그 보물 종이를 지금은 이것으로 풀어낼 수 있다는 점, 현실(보물 지도 발견)과 예측 확실한 미래(의미를 찾아내고 결과물을 소유)를 조합하여, 산출물을 끄집어 내어, 보다 분명한 계획(plan)을 세우고 효율적으로 모두가 즐겁게 협동(Co—work)하며 결과물(Output)을 이끌어내는 것이다. 그것은 본 학술 대중 서적의 전개 서두부터 말미까지 모든 툴(Tool)이 신소재(化)로 트랜스 블루스 스타일(Trance Blues Style 格)로 리메이크(Remake)된 것 보면 훨씬 쉽게 이해할 수 있다.

현실　　　　　　　예측 확실한 미래

산출물 도출

PLAN 수립

차례

4장 Description(prescription)

5장 실제 적용 분야

Game of AI Psychology Guide

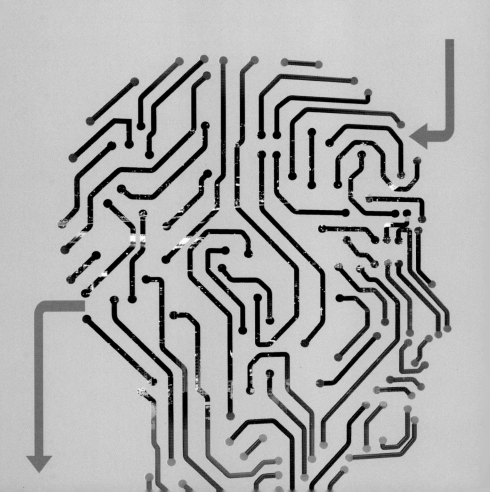

1장 AI 심리 처방 게임이란?

프로이드 이후의
자가 치료(Self Medication)

A⟨a : −1.5 point, b : +1.5 point⟩
B⟨a : −2 point, b : +2 point⟩ / S⟨a : −3 point, b : +3 point⟩
C⟨a : −1.5 point, b : +2 point⟩ / D⟨a : −4 point, b : +4 point⟩
M⟨a : −3.5 point, b : +3.5 point⟩ / GAP 30 미만 2차 분석
GAP 50 이상 : 85% 신뢰 / GAP 70 이상 : 100% 신뢰

취지

청년들에게 약 복용과 분열증을 보살펴주는 어떤 지역사회 (Community)에 한 피상담자가 있었다. 많은 것을 느끼고 고민하게 되었지만 이와 관계없이 여러 모양이 존재하고 덜 발생할 것을 대비 하며 준비해 온 이론이 그에게 꼭 필요하며 효율적이라는 것을 육안 으로 알게 되었다. 그러나 기존의 매너리즘에 의해 이미 반복되어 가 는 상태에서는 오히려 거부할 가능성도 있으므로 제시하지 않았고, 앞으로 효율이 양약인 것 말고는 정보 교환의 목적이 있기는 했다. 그 곳은 봉사 단체였는데 보호자는 과거의 심리 상담과 정신에 관련된 지식을 조금은 가지고 있었고, 구성원 중에 신경정신과 의사 같은 경 우 적잖은 지식을 가지고 있어 그들 간의 교제 목적에 지식의 봉사도 있었다. 중요한 것은 봉사자들이 원인과 해결에 접근하는 방식이 막

연하여 자타가 더이상 알 도리가 없다는 점이었다. 이외에도 정신적 스트레스로 인해 어려워진 사람과의 관계 회복이나 개선을 위해 종합 병원을 위시하여 골고루 분포되어 있는 여러 부문에서 참 많은 노력을 하고 있음은 모두 잘 아는 바이다. 그 누구도 예외 없이 해당되는 이와 같은 난해한 병환을 간절하게 개선하는 근원적 해결책에 직면하고 수용하여 공동 참여할 수 있는 객관적, 현실적, 실제적, 근본 심리적 개선을 할 수 있게 된 점도 이 책의 발행 취지이다.

배경

프로이드가 시각적 축구를 즐겼다면 프로이드의 이성적 심리 구조 이론과 대비된 이론으로 본 이론은 새로운 각도에서도 효율적 득점 공격과 수비를 담당하는 주인공 역할을 했다. 득점 기술의 현장에서 전략적이고 효율적인 Challenge & Response가 예측하거나 예측하지 못할 사각 영역까지 대비하며 게임에 지지 않도록 완벽을 기하는 방식과 같다. 또, 개인에서 비롯하여 개인이 속한 공동체까지 어떤 상황에서든 동일한 과정(Process)이 적용되어 구체적 검진이 가능한 특성을 가지고 있다. 1차로 설계, 배치(Lay Out)에 해당하는 것을 체크 및 분별하고 2차로 각론적 전문 부문으로 구분한다. 2차의 방식을 진행자가 오케이할 때까지 자유롭게 반복할 수 있다. 이것은 새로움을 잘 받아들이는 청소년에게는 게임처럼 흥미 있고 어렵지 않아 호기심을 유발하고, 성인에게는 시간을 요하기도 하는 특징이 있으며, 청소년은 온라인을 통해 수시로 사용하게 되어 있다. 성인은 불특정 다수가 사용하는 것보다 준비된 멘토를 통해 가이드 받는 방식으로 기존의 상담 방식과는 다른 방법을 채택하고 있다.

서문

　AI(Artificial Intelligence) 심리 게임 입문서를 펴내며, 열며, 이 책은 적성과 취미에 맞게 역동적(Dynamic)이며 영양을 섭취하듯 읽을 수 있는 참되고, 친화적 소재로써 불가능한 것이 없는 것처럼 즐길 수 있는 서술과 표현의 매력을 가지고 있다. 이 장점에 기대어 110%의 도출과 95% 이상의 신뢰할 만한 결과(Output)가 있다면 더욱 재미나고 흥미진진한 세상을 살아가게 될 것이다.

　일찍이 전문분야와 대중서적으로 퓨전(Fusion)화된 본 AI는 만화처럼 세상의 역사 속으로 흥망의 기준이 되었던 실재 소재를 Remark하고, 현대 물리학과 동양사상 내(內) 원자 이하의 실험에서 서로 다른 것으로 생각했던 E와 질량이 실제는 1–7Hv 문자와 Range 파장과 진동 변화의 폭과 같이 상호 변화될 수 있다는 것을 밝혀 주었다.

흥미와 깊이 그리고 Game의 진지함

　세살 아기도 엄마와 소근, 도란 얘기하며 미리 아는 묘한 재미(수와 문자는 누구에게나 공평, 기준, 통용과 동일)

각자 각각 Target 설정

AI 빙고 게임

동일시

$$\text{Check 비율 C} \left\{ \begin{array}{c} 1.5 \\ 2 \end{array} \right\} \longrightarrow 4 : 6$$

뇌파와 AI리 근거

7~ VS~ 7~

자살율 OECD 국가 1위

이혼율 OECD 국가 1위

 이것에 대한 대안으로 중요한 역할을 담당(국가적, 교육적, 사회적 참여 가능)하는 것으로 여기에 소개할 너무나도 중요한 책이 있다. 이 안에 무엇이 있기에? 어떤 사람이 의도한 일이 있었는데 그것에 대해 몇 가지 자연 소재를 사용해서 어떠한 사실을 찾아 낸 것이다.

1. AI 심리처방 게임이란?
2. 취지와 배경
3. 서문
4. 전문분야와 대중서적으로의 (퓨전)Fusion화
5. 활용 범위와 성과
6. 효과 및 성과의 근거 데이터(Data)
7. 신소재 문자, 숫자 의미 설명과 도해
8. Reference와의 차이 및 연관성 대비
9. 역사적 실존과 범용의 유익성
10. AI 에세이 여행(Tour)
11. 기적(Miracle)과 현상의 차이
12. Tools fo Decision Documentary
13. AI 처방게임의 역사(History)
14. 게임 페스티벌(Game Festival)
15. 서술론(Description)
16. H-Sn Description Prescription
17. H-D Description Prescription
18. H-M Description Prescription
19. H-C Description Prescription

20. Result

21. Prescription 총론

How?

비인격적인 대우로 느낄 수 있고 의심받는 자체가 신뢰를 깨는 일로 인식될 때 관계에 금이 가며 자존감을 세우고 싶어진다. 이 가운데 자녀의 의사는 묵살될 수 있는데 이것은 죽음의 충격과 유사한 정도로 분석된다.

즉, 내가 그러한지 알 수 있다면 한 번은 생각할 시간을 갖고 확실할 경우에는 어떻게 하는 것이 서로 좋을지 나는 예외인지를 판단하게 된다. 이에 따라 사실을 묻어 두거나 또는 용서하거나, 더 잘해 주는 등 많은 변수를 행할 수 있다.

문제는 불확실한 것을 계속 추구하는 것

자살은 준본능이다.

Sn과 M에 가려져 있다.

내가 왜 참지 못하나?

내가 왜 인내하지 못하나?

내가 왜 용서하지 못하나?

내게 한 번만 더 물어볼 때 새로운 hv가 생성될 수도 있어 준본능을 Guide 하여 C, D로 이동시킬 때 자살은 일단 피하게 된다.

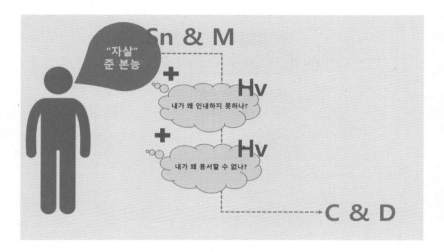

이러할 때

Ⅰ 인식 : Which war?

Ⅱ 처방의 Output?은 확신

Ⅲ 정신집중과 순발력

Ⅳ Sn, M의 확실성 ┌ D, M 개입

└ Waiting

Ⅴ 고정 관념 이면의 존재 가동 시작 : Sn, M, D의 실체

Sn과 M은

공용 Hv 상호 교류 · 교차하며, 이 두 요소의 연합은 지상의 물체나 동물의 우상을 조성할 수 있으며 그 우상과 소통할 수 있다. 사람의 끝없는 호기심의 일환인 "무엇인가와의 연합" 그 곳에는 만들어진 안전 파동과 진동이 있기 때문이다.

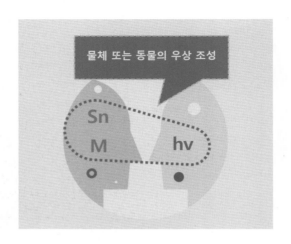

태양에서 빛이 올 때 파장과 진동으로 오게 되는데 그 요소에 Sn 과 M이 있는 것은 본능 수준의 준 생명체를 이룬다. 예를 들어 면역성, 살균성, 중독성 등 햇볕으로 생명체의 활성화 작업이 이뤄진다(나뭇잎의 탄소 동화 작용).

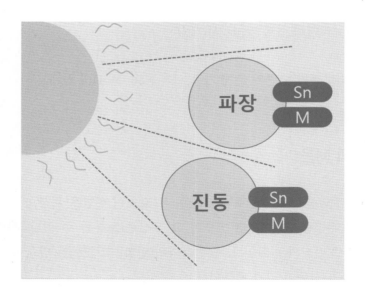

D는 자연과 우주(물체)와의 소통 Hv이다.

C는 사람의 Hv에 집중돼 있다.

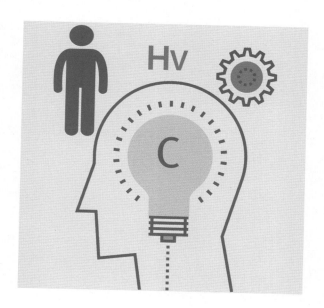

Sn M, D는 실제로 아라비아 사막이나 이집트 일부 지역에서 거주하는 연금술사들의 치아가 금으로 변화하게 하고, 옷의 먼지를 금가루로 변하게 한다.

　　스님이 산 속에서 밖의 일을 알게 되는 현상도 있다. 또, 5~10명이 팀을 이루어 무전여행을 가면서 다음에 묵을 숙소를 찾을 때와 같이 기준을 정하고 명상(묵상)을 하며 각각이 보여준 형상들을 퍼즐 맞추듯 조합하면 그렇게 모인것으로 표현된 거처를 결정하고 그 형태의 집을 찾아 나서고 종래에는 찾게 된다.

Game of AI Psychology Guide

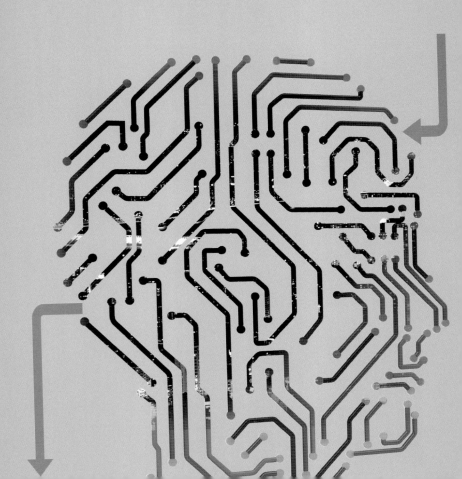

2장 AI 심리 처방 게임의 기본 소재

AI 심리게임의 기본 소재

양성자의 기본 코드

서양에서는 우주의 탄생을 빅뱅에 의한 것으로 설명하고 있으나, 동양에 서는 무극이태극(無極而太極), 태극이무극(太極而無極)으로 설명한다. 이것은 파동과 입자의 운동으로, 운동의 방향성으로부터 시작한다. 오행(五行)탄생과 상생(相生), 상극(相極)의 원리가 그것이다.

빛과 생각

빛은 아직도 미지의 세계에 있다. 빅뱅 당시 탄생한 빛에서 온도가 식어 가면서 중력, 강력, 약력, 전자기력이 분리되어 나오고 양성자, 중성자, 전자가 분리되며 원자인 수소, 헬륨이 생성되었다는 것이 현재의 과학적인 연구로 밝혀진 것이다. 결국에 모든 물질은 빛에서 나온 것이다. 이 과정을 밝힌다.

빛, 양성자, 전자 흐름의 사고(思考)와 물격(物格) Sn & M
- 식물 세포의 틸라코이드 막의 전자 전달 시스템
- 광계2효소(PS2; Photosystem2)

빛은 틸라코이드 막에 위치한 광계2에서 망간을 매개로 해서 물이
양성자, 전자로 분해되며 전자는 이 효소 내에서 이동하며 전자 이동
의 셔틀버스인 플라스토퀴논과 결합하여 외부의 양성자를 틸라코이
드 내부로 이동시킨다.

전자는 다음 효소로 이전

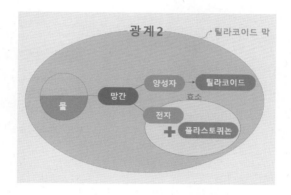

- Cytochrome b6f
  플라스토퀴논으로부터 전자를 받아서 내부를 이동하고 전자 셔
  틀버스인 Plastocyanin에 전자를 전달하며 이 Plastocyanin이 전
  자를 싣고 전자를 광계1로 전달한다.

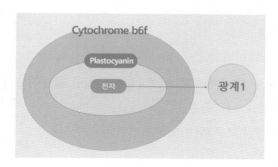

- 광계1(Photosystem1)

  Plastocyanin으로부터 전자를 받고 700nm의 빛으로 전자가 내부를 순환하며 마지막 전자 셔틀버스인 Ferredoxin으로 전자를 전달한다. 전자를 실은 Ferredoxin은 NADP+Dehydrogenase에 작용하여 NADP+가 NADPH로 환원이 된다.

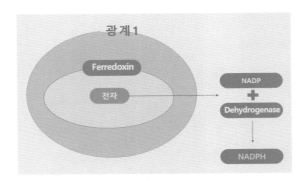

  Calvin 회로에서 포도당을 만드는 데 사용한다.

사고(思考)와 물격(物格) 순환고리

- 빅뱅으로부터 시작하여 각종 별에서 생성한 빛과 원소들은 긴 여행으로 생명을 단축시킴.
- 지구의 탄생, 대륙 생성 후 대양 생성
- 세포 출현
- 시아노박테리아 출현, 최초의 광합성 세포의 출현

  그 후 물 분해 광합성의 출현 그러나 지구 대기에는 산소가 없음

  APT 합성효소도 출현
- 산소 호흡의 보편화(미토콘트리아의 보편화)

- 대기의 산소 농도가 20%일때 다세포가 출현

  이때도 시아노박테리아는 산소를 만들고 있다.
- 척추 동물의 출현

  이때도 시아노박테리아는 산소를 만들고 있다.
- 현재 지금도 시아노박테리아는 산소를 만들고 있다.
- 생명의 고리는 빛, 물, 산소, 이산화탄소, 포도당이 연결고리로 이들 사이 전자와 양성자의 흐름이 생명의 고리이다. 이를 AI리라 칭한다.

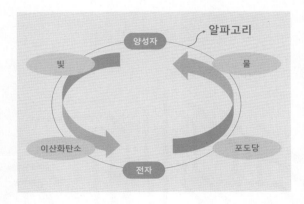

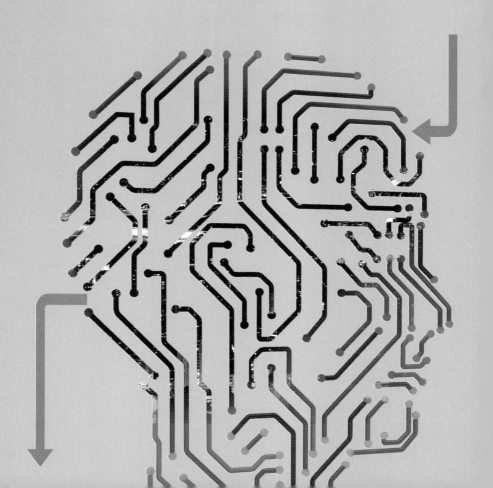

Game of AI Psychology Guide

3장 빛과 생명

빛의 탄생

1. 빅뱅 ~ 10^{-43}

양자역학적으로 불확정성의 지배를 받아 무엇인지 알 수 없는 세계
마이크로 블랙홀이 무수히 생겼다 사라지는 시기

2. 10^{-43} ~ 10^{-35}(온도 10K)[32]

10에 네가지 기본 힘(중력, 강력, 약력, 전자기력) 가운데 중력이 분
리되고 나머지 세가지 힘이 통합된 시기
이때 우주의 크기는 양성자의 1,020배 정도
마이크로 블랙홀이 존재
10시기 블랙홀에서 입자와 반입자가 만나 소멸되면 전 세계 10억
분의 1만 남아 현 우주를 구성
모두 소멸하고 광자만 남음

3. $10^{-35} \sim 10^{-12}$

10에 강력(강한 상호 작용)이 분리됨
이 시기가 급팽창(Inflation)으로 크기가 1,050배로 팽창
빛의 속도보다 훨씬 빠른 속도로 팽창하였다.
지금의 우주의 팽창도 그때의 팽창의 힘으로 팽창하고 있다고 함
하드론과 렙톤이 많이 생성됨(이 시기도 광자와 하드론, 렙톤이 서로 왔다 갔다 한다)

4. $10^{-12} \sim 10^{-6}$

10^{-12}에 약력(약한 상호 작용)과 전자기력이 분리됨
150GeV 이상이 되면 W, W, Z 입자가 광자와 분리되지 않고 서로 오고 감
이 시기도 광자와 하드론, 렙톤이 서로 오고 감

5. 10^{-4}(온도 : 10^{33})

퀴크의 결합으로 양성자, 중성자 생성
이 시기 약 11조 도에서는 양성자에서 광자로, 광자에서 양성자로 서로 오고 가면서 광자와 양성자의 구별이 안됨
온도가 점점 식으면서 서로 오고 가는 것이 줄어들어 한쪽으로 머물게 됨

6. 1초

1초가 지나면 전자가 쌓이기 시작

초기에는 전자와 광자가 서로 오고 가지만 점점 온도가 떨어지면서 전자의 수가 증가하며 전자가 광자로 못 돌아가며 디커플링함

(51만 eV)

풍부해진 양성자, 중성자가 베타 붕괴되면서 중성미자와 전자 등이 디커플링 됨

$P + E \leftrightarrows N + V$

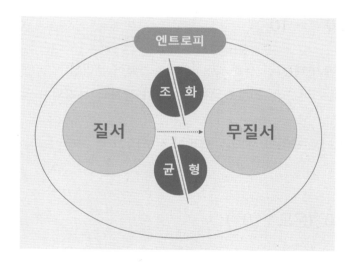

$N + V \leftrightarrows P + E$ 이 디커플링이 되지 않아 양 쪽으로 오고 가지만 1초가 지나면 베타 붕괴로 오고 가지 못하게 되어 중성미자가 디커플링한다.

$P - \rightarrow N + E+ + V$

1) 균형과 조화

과학적으로 모든 계는 엔트로피가 증가한다. 즉, 질서 상태에서 무질서상태로 간다. 이것은 시간이 지나면 균형과 조화가 깨져서 생명을 잃게 된다는 것으로, 균형과 조화로운 상태를 오래 유지시키는 것이 곧 생명 현상을 지속시키는 것이다. 균형과 조화가 무엇인가를 공부한다.

2) 대뇌피질

AI 심리게임 출발점을 만든 것으로 대뇌의 피질은 좌뇌 5개엽, 우뇌 5개엽으로 구성되어 있다. 손의 손가락도 좌, 우 10개의 손가락이다. 이들의 각각을 오행으로 분류하여 10천운으로 배속한 것이다.

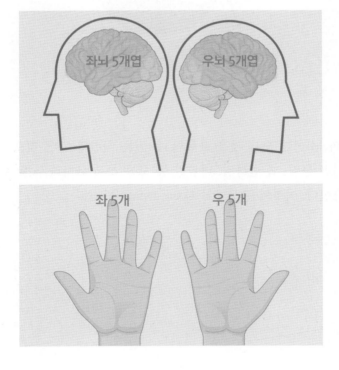

3) 준본능과 물체본능

준본능(Subconsciousness)은 잠에서 깨어나면서 어둠에서 불이 켜지듯이 의식이 깨어나는 상태이다. 이것은 우리 의식에 매우 중요한 것으로, 뇌과학을 통해서 알아보고 이 상태가 바로 Sn 상태임을 주시해야 한다.

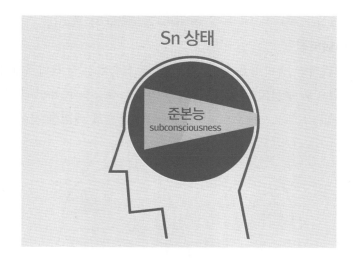

장(Field)이란 모든 것을 표현할 수 있는 칠판과 같은 것으로 물체본능이란 물질, 힘 반물질, 비물질 등 모든 것을 나타나게 할 수 있는 기본장이다. 이것의 구성 요소가 Sn, D, M이다.

AI 심리 처방 게임과 양약

　AI 심리 게임에도 양약이 없는 것이 아님을 참고로 밝힌다.

　즉, 양약의 정체성에 조금도 흠을 내거나 경시하는 그 어떤 것도 존재하지 않는다는 것이 본 학문의 본질이다. 처방에는 양약이 필수적으로 포함된다.

　다시 말해서 첨단 의학 가운데 다양성이라는 가치가 있는 존재인 인격체는 빠짐없이 알고 선택해야 할 생명 추구의 권리가 본능에 기초되어 있음을 강조하는 우리 학문 이론이기도 하다.

　어린이도 학습 가능한 버전이다.

　수학적이다.

　재미있다.

　지피지기면 백전백승을 성취하는 수단이 된다.

　의과학게임이다.

　가족 오락AI문화와 신비한 output의 재미를 공유한다.

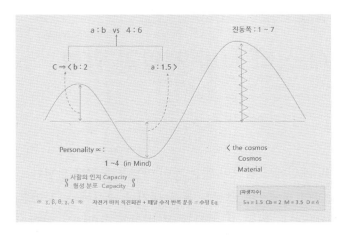

분자 양성 이론

최초 분자의 생성은 개체 별 2개로 이루어지며 분출 · 분리 후 만나는 시공(時空)이 존재한다.

물론 근사분자의 규합 현상도 발생한다.

전자는 동일시가 되고 후자는 예측 퍼즐 조합 실체로 현실화 · 현상화된다.

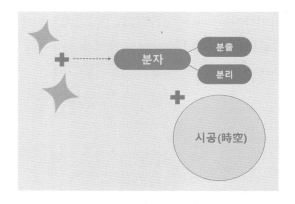

현대물리학 이원론 역설(逆說)

실체에 대한 설명 = 신비주의적 경험

시간과 공간, 우연, 개인, 사건과 사물은 단일한 연속체나 '영원한 현재' 속에 있다는 동양사상 = 현대물리학과 같다.

그렇다면 물리학의 불변의 변화란?

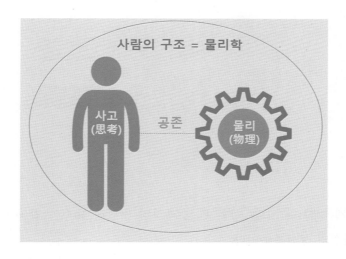

Total 외형은 보존되며 사고(思考)와 물리(物理)가 공존되어 사람의 구조와 물리학은 동질성이 있음을 말해 준다. 부연하면 물리학의 설득과 해석은 사람을 목표대상(Target)으로 비교 분석하면 알 수 있으며 반대의 경우도 같다는 것이다.

요인에 대한 구체적 분석

물리학과 심리 구조의 연동 요인(요소)
탐색(Searching) 및 시공(時空) Drive

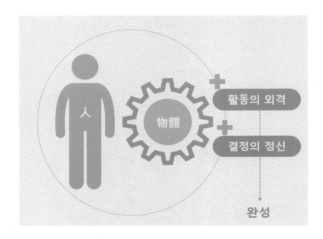

　물체(物體)와 사람(人)의 완성 과정의 필연적 요소는 활동의 외격과 결정의 정신부분이다.

　이 두 요인에 공통되거나, 상호 교차 실행되는 현상과 원리로서 호흡, 그리고 환경 조성의 균형과 조화가 Output의 줄기와 가지로 나타나는 것이다.
　그 전자에 언급된 요인을 관념이라 하면 그것을 실체화와 수학화한 흐름(Flow)의 완성체(物)가 물체(物體)와 사람(人)이다.
　따라서 이견의 오차가 존재하지 않고 선택과 판단을 자아가 함으로써 100% 책임 소재가 외인에게 전가되지 않는 특수한 무책임의 공(公)의 이론이다.

AI의 공용 문자와 물리학의 수에 대한 이해

생활인에 잠재된 문자 범위

생활인에 설정된 AI, 수의 Guide Line

A(AI 요소의 순열조합과 물리 현상에 의한 사람의 행동 경로)

상기(上記) A의 분석으로 예측 Data 도출

人에서 전자 파장과 진동의 방사

일본의 선반기능사의 감각 VS 기계수치 → 감각 우월

궁금증 확인 및 매력과 버림의 선택 후 결정 → 2단계 체크 리스트 (Check list) 진행

범위를 좁힘으로 인한 현실적 결론 도출

즐거움(Fun)만이 아닌 유익과 명료성 수반 게임(Game)

주요 소재 해설

(E = 진동수 V인 빛)은 = Hv

빛은 파동의 성향 + 입자의 성질

$E = Hv \rightarrow Sn$(선악 의지 제외된 생각)

$$\downarrow$$

뇌파의 선택 = 준본능적 작용

사고 집중

양자론 Quantum Theory

생각을 돕는 입자 Energy = 뇌파

예 뇌파 자동차, 뇌파 휠체어

양자역학 Quantum Mechanic

파동 방정식〈파동의 크기가 존재 형체를 돕는 입자 에너지. 자연미, 4계절〉

공성(중성)　　감성　　초성　　외성　　잠재 무의식, 초월, 인성
　　Sn　　　　　C　　　D　　　M

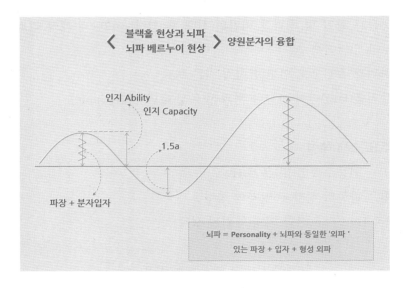

파장과 입자

	Animal ⌐
Sn	Snob
	Over Snob ⌐

인지 Capacity 집중과 Version

뇌파 블랙홀 현상 ⌐

　　　　　　　　　　양전분자와 융합

뇌파 베르누이 현상 ⌐

델타파　강한 수면화(0.2Hz~3.99Hz)
세타파　'꿈' 슬립(4Hz~7.9Hz)
알파파　(8Hz~12.99Hz)
베타파　스트레스 파장(13Hz~30Hz)
　　　　한국의 일상에 존재하는 파장
감마파　(30Hz 이상~)

균형 판독 기준 소재

물리학의 미지의 분야 2%

에너지 보존의 법칙 내(內)에서는 모든 Item에 해당

정도의 감지와 해당 수치의 기록은 준본능에 대한 것이므로 현재 서술하고 있는 지금의 설명과 기록도 적용과 반응의 예외가 아님.

AI의 소재

Sn	C	D	M
동물 공용	(감성	초성	Sn과 소통하는 外적 현상
사람 준본능	Only 人)	(Erath 外 요인도 포함	
자연		정신분야 포함)	

Sn   Animal
      Snob   ⎤ 의 파장과 입자
      Over Snob ⎦

인지 Capacity

자율 Capacity의 집중과 융합 질서

양분자의 융합

기적

┌─ 뇌파 블랙홀 현상 ─┐
└─ 뇌파 베르누이 현상 ┘

예 모래 → 금

신소재 문자 & 숫자 해독법

C와 4:6의 (이유)(근거) Basic

1~10가지 항목을 설정할 때

1~4   4가지는 Negative Point

5~10   6가지는 Positive Point

이렇게 하는 비율의 근거는

人에게만 있는 Hv의 C가 a는 −1.5, b는 2이기 때문이다.

이때 E = Hv

I 파장의 한도점 내(內)의 완전성(현재성 공존)

II I 내(內)에서의 진동 설정

→ Hv에서 탐색(Research)되며 음양과 조화의 반응 시작

단점 1.

    2.

    3.

    4.

장점 5.

    6.

    7.

    8.

    9.

    10.

Input → Output

기회주의자(Partnership 부적격)

		Sn		C		D		M	
1	지루함	5a	−16	4a	−6	5a	−20	5a	−17.5
2	두려움	6a	−18	5a	−7.5	6a	−24	5a	−17.5
3	불신	5a	−15	4a	−6	7a	−28	5a	−17.5
4	부정확성	4a	−8	5a	−7.5	6a	−24	6a	−21
5	어려움	6a	−18	6a	−9	6a	−24	6a	−21
6	명료성	5b	15	5b	10	7b	28	6b	21
7	대안 수립	5b	15	6b	12	6b	24	5b	17.5
8	시간 효율성	6b	18	6b	12	6b	24	5b	17.5
9	누림성	6b	18	6b	12	6b	24	6b	21
10	위기 탈출	5b	15	6b	12	6b	20	6b	21

☞ 397−328.5=68.5 Yes

D와 Sn은 상호 소통하는 Hv가 있어서 현재 현상의 뒷면(반대편 쪽 보는 눈 존재)

Trick의 배후를 보는 Sense가 작동

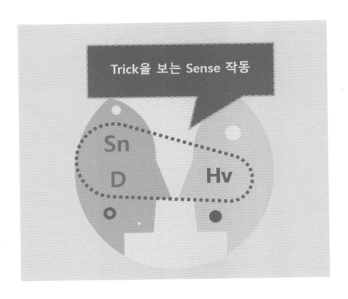

양극에 존재한 양성분자 '+'와 '−'는 당기는 힘에 의해 강성인 공격적인 분자는 전면에, 순한 분자인 우성은 뒤에 감춰져 있어서 Snb는 지혜와 여유의 Hv물성(物性)으로 균형을 잡게 된다. 그 Sn을 준본능, D를 초본능이라 앞에서 칭했다.

예제 Ⅰ Positive Activity 성향의 이루고 싶은 목표를 기록하고 가능성 판독하기

　　　　　Predescription

예제 Ⅱ 생각과 반대되는 Game은 Negative Condition에서 시작 대립과 갈등 상황 출발

　　　　　Output은 미소? 〈Yes, No〉

이렇게 고정 관념은 역사 문화 속에 공존하는 것이고 고정 관념의 반대의 용어가 또한 '고정 관념'이라는 단어 뒤에서 움직이며 분명하게 공존하고 있음을 모든 상황과 경우에서 알 수 있다.

잠깐 화제를 바꾸어, 앞으로 알게 될 일들은 신비롭지만 알아갈수록 신비함보다는 잦은 현실의 일상임을 만나고 알게 되면서 더욱 흥미진진한 지경으로 몰입될 것이다.

Hv의 도킹 유도 전술

Sn은 Hv와 도킹이 불가하므로 D가 Sn에 방출시킨 Hv 일부를 다시 M으로 송출한다.

D에 분자를 투사할 때 D의 HHv 중에서 Drive 하여 M LHv와 융합하게 되면 D(HHv) & M(LHv)이 균형을 이루기 위해 Sn 분자를 끌어당긴다.

Sn, D, M의 융합은 가장 안정되고 힘이 강한 분자군이다.

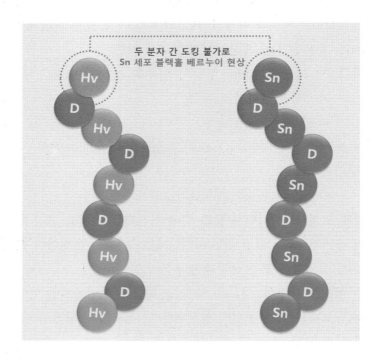

완전 회복과 증강 극대화

Hv & D 분자와 Coinonia Sect.가 D와 Sn 간의 교차 Coinonia Sect.와 연동함으로써 Sn과 Hv의 경로(Channel)가 없기 때문에 Sn 세포 블랙홀 Hv 베르누이 현상이 나타나게 하여 준다. 이것을 경로 화학약품(Chemical Medicine)으로 하면 면역을 높여 주는 것이라 일 컫는다. 문자와 숫자 그리고 내용이 본 Content에 해당하는가는 아직 저자의 고유 영역이지만 몇 가지 범주를 인식한 후 누구나 가능할 수 있다.

내면 기경과 외격 점령

C가 M을 융합시킴에 성공하면 완벽하게 D76의 증폭 Hv 생성

C분자가 M분자의 flow에 loss 없이 탑승한다. 그 후 D76 Hv가 생성

Sn & D 내면과 M 외격이 Coinonia되는 베르누이 Hv 현상 발생

소위 일반인이 일컫는 기적 현상이 나타남

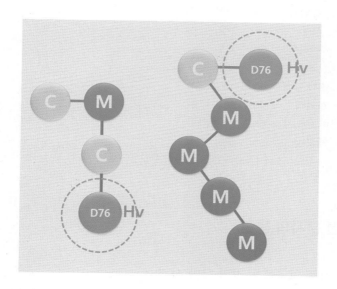

예방 처방 I

나의 Hv, Sn, D, M에 Coinonia 하라

1일 3회 생각으로 선포

My Hv do coinonia to Sn & D and M!

My Hv do to be balance to Sn & D and M!

군중심리나 다수결이 아닌 생명 유지 보존 본능에 입각한 자료 (Data)로 판독하는 것

불확실은 의심을 낳고 스트레스로 반복 → Hv 수용의 약화와 교란이 Sn, D, M을 약화

		Sn		C				
1	매너	−6a	−9	−7a				
2	잠재의식	−6a	−9	−7a				
3	비교 만족	−6a	−9	−7a				
4	감정	−6a	−9	−6a				
5	극복 허용	5b	7.5	6b				
6	노력성	5b	7.5	5b				
7	절약성	4b	6	5b				
8	섭외성	4b	6	5b				
9	취미 몰입도	6b	9	6b				
10	계획성	5b	7.5	6b				

☞ a : −36−108=−144 | 43.5+13.2=175.5

양전 분자의 융합

Ex. 점포 입구에 부착된 달마 사진
MBC 방송국 실험 中 글자를 본 후 생각하며 목적지로 향함
종교와 AI ① Q & A 형태
　　　　② 가상 전제 설정

판독 안내
Q & A
본질 추적
알파 제비 뽑기 → 오늘날은 범위를 정해야(Setting) 함.

알파 오링 테스트 → 다양성 발휘

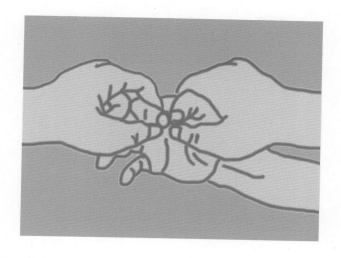

오링 테스트는 한국에서 40년~50년간 약국과 피부 관리 센터에서 환자나 고객의 건강 증진 효과를 높여줄 뿐만 아니라 치료와 회복 기간의 단축을 위해 빈번히 많은 곳에서 활용될 것이다. 아무것도 잡지 않고 한 손의 엄지, 검지를 'O' 형으로 해서 상대방 약사나 피부 관리사가 엄지와 검지를 벌려 떼는 테스트(Test)다.

이때는 힘이 약하게 느껴지나, 환자에게 맞는 음식 소재나 칼라 소재 등을 잡고 떼는 실험을 하면 힘이 들어가 있음을 알게 된다. 이것이 근사분자융합으로 인한 "유사 동일시"이다.

독일에서 인정받는 건축법

건물 둘레가 수맥이 흐르는 길을 따라 건축, 건물의 환경을 밝게 조성하면 건물의 수명이 더 길어진다. 이때 이 수맥이 건물 밑을 지나가면 친화적 M의 변형을 가져오게 되어 생태의 Circle Cycle에 이탈 현상이 온다. 따라서 그 가이드 라인(Guide Line)에 사용하는 M을 발견한 점은 인류 생명 공학 역사에 중대한 사건임을 말해 준다.

고대사회에서 회의 때 사용한 흉패(12 color 장착)

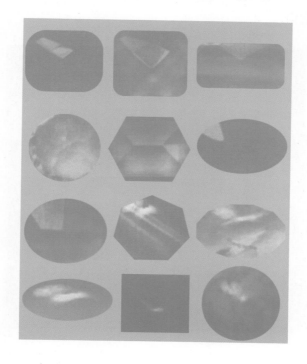

　회의 전에 기준을 발표한 후 Yes와 No를 선별하는데 있어 흉배의 컬러를 보고 결정하게 되는 것은 과연 무슨 의미일까? 이 방식을 많은 편견(Judgement)에 사용했다면 사람의 인권을 다루는 판결 기구였다. 바로 이 흉배의 컬러를 움직이는 요소가 M과 Sn이었다. 빛, 소리, 감정(수문 조합)의 Output의 Color로 고대의 주범을 찾아낼 때 제비를 뽑는 단순한 방식을 사용한 이유가 있다.

　M은 사람의 임의적 관계와 가장 멀고 오차가 없는 점이다. Hv는 맞는 곳에 가까이 하므로 자석이 쇠를 끌어당기는 것과 동일하다. 제비의 Hv와 사건의 핵심이 파동을 소유한다.

어떤 Shop입구 안쪽에는 특정 인물화 등의 패널을 걸어 놓은 것을 볼 때가 있다.

혹자는 미신적, 종교적으로 평할 수 있는데 실제는 그림에서 발산되는 Sn과 M이 있음을 알게 해 준다.

이러한 자료(Data)만 모아도 100Page를 훨씬 넘는 재미난 Sect이다.

2012년경 MBC 방송에서 PD가 정한 2층 홀까지 총 길이가 약 50m 거리를 걸어서 결승점에 도착하는 게임이 방송되었다. 출발점의 책상 위에 있는 봉투 속 편지 글을 읽고 목표점까지 걷는 게임이다.
칭찬의 말을 읽은 노인과 분쟁의 말을 읽은 노인은 도착 시각 및 조건(Condition)의 상태에서 차이가 났다는 결론이다.

AI 처방 게임의 History

20세기에 들어 인류의 문명이 이룩한 과학의 비약적인 발전은 인간의 삶에 매우 풍요로운 혜택을 주고 있다. 21세기 IT 산업의 발달은 전 세계를 한 집안처럼 느끼게 만들었다. 의학은 유전공학의 발전으로 생명체의 기본코드인 유전체의 기본코드를 알아내고 해석하여 생명체의 생명을 재단하는 수준까지 이르렀다. 복제인간의 탄생도 눈앞에 있으며, 머지않아 유전체의 유전자를 조작하여 넥스트 휴먼(차세대 인간 탄생) 프로젝트도 진행할 것으로 보인다. 인류는 이와 같이 생명체의 생명을 인위적으로 재단하는 것이 옳은 것인지 잘못된 것인지를 판단하지 못하고 질병 치료 및 건강과 장수라는 미명하에 묵인하고 있다. 이것은 인간이 가지는 기본적 욕심이므로 탓할 필요는 없지만 새로운 대안이 없으면 생명의 본질을 왜곡하는 심각한 문제가 생기게 된다.

또한 인류가 봉착한 문제는 인공지능(AI)이다. 인공지능은 우리의 필요에 의해 개발하고 발전하고 있지만, 머지않아 인간의 지능과 기능을 대체할 지도 모른다. 최근 AI의 등장은 우리에게 많은 충격을 주었다. 지능형 로봇은 곧 모든 면에서 인간의 지능을 능가하게 될 것이며 다음 세대는 인간과 지능형 로봇이 공존하는 세대가 될 것이다. 혹자는 하나님이 만든 인간의 지능이 인간이 만든 로봇보다 못하다는 것은 무엇을 의미하는지 의미심장한 질문을 던지기도 한다.

유전체는 32억 쌍의 염기로 구성되어 있지만 실제로 단백질을 만드는 유전자는 불과 4천8백만 쌍의 염기로, 전체 유전체의 약 1.5%에 불과하다. 뇌에는 천억 개의 신경세포가 있다. 이들이 만들어 내는 코드의 조합은 어마어마하게 많으며, 약 10의 만승 배로, 상상하기 힘들다(우주 천체의 입자의 수는 약 10의 100승). 그러므로 우리 인간에게는 유전적 방면이나, 뇌의 획기적인 발전을 가져올 여지가 아직 남아 있다.

AI 처방게임의 출발은 뇌에서 시작한다. 인류의 모든 문명이 여기서부터 시작됐다. 아직까지 문명의 형태는 물질이 물질을 재단하는 수준에 머물러 있다. 그러나 앞으로의 문명은 의식, 즉 마음이 물질의 기능을 조절하게 될 것이다. AI 심리게임은 의식, 마음으로 생체 내의 물질의 기능을 조절하는 것이다. 과학에서는 하나의 계가 시간이 지나면서 그것의 엔트로피가 증가한다고 말한다. 이것은 질서의 상태에서 무질서한 상태로 변화한다는 것으로, 시간이 지나면 균형과 조화가 깨져 혼돈의 상태로 가는 것을 의미한다.

본 AI 심리게임은, 마음을 통해 생명의 기본코드의 원리를 이용하여 균형과 조화를 유지하므로 계가 질서의 상태를 유지하게 하여 생명을 건강한 상태로 유지시키는 치료이다. 이는 인간의 뇌가 생명의 조절자로 작용하기에 가능하며, 아무리 우수한 인공 로봇으로도 불가능한 일이다. 이처럼 뇌의 기능을 이용하면, 유전체의 인위적인 조작 없이 유전자의 기능을 조절할 수 있어, 건강하고 행복한 삶을 유지하게 된다. AI 의학의 이론은 순수 자연 소재로, 물질의 투여가 없으며 순수한 문자, 즉 생명의 기본코드를 원리로 하는 Hv 의학이다.

AI 심리게임을 시행하기 위해서는 적어도 4가지 학문이 필요하다. 첫 번째로 생명의 코드인 동양학의 기본 원리를 이해해야 한다. 두 번째로는 프로그램(Program)으로 자성, 본성을 아는 견성의 단계가 필수이다. 세 번째로는 의학적인 정보가 있어야 한다. 네 번째로는 물리학의 이해가 필요하다. 본 심리게임에서는 이와 같이 동서양의 모든 학문이 겸비되어야 비로소 본 대중 학술 이론을 생활화 할 수 있다.

AI가 물리학적 기초에 근간한다면 AI 처방게임은 이면물리학에 근거하여 실재를 그려 나가는 현재 각각의 삶이다. 몇 가지 결론을 도출하기 위한 순서에 대해 이해를 돕고자 미리 점검해 본다.

2000년대 초 비공식적으로 전해진 '추 회전놀이'를 생각해 보면 한때 초등학생 놀이문화로 유행하였다. 하지만 지금은 그 정체가 분석되고 있는 것이 재미있는 일이 아닐 수 없다.

해탈을 위한 출가를 대치하는 Contents
Ex 1. 빈부와 비교에서 분리됨
에너지 불변의 법칙(By Egy Continuing Law)

빈곤 VS 인격의 그릇
    불욕의 마음   '나' 라는 존재가 부담
    선한 삶
    등의
    Anything must be to exist
지금도 열등감 없는 나는 진솔한 인격체이다.

부 VS 우월병
    거드름
    착각의 영원성, Etc
나는 이것이 나의 소유가 아님

일본의 학자의 발표를 잠시 발췌
유리잔 밑에 '악(惡)' '선(善)'의 글자를 놓고 2일 후 선(善)의 글자를 공은 물의 상태는 정확한 육각수로 안정

조심스레 읽은 글을 다시 한번 소개한다.

어떤 것(Something)의 대해 부적절한 일에 관련하여 그 누구도 모를 뿐 아니라 도저히 알 수 없는 件이다.

시간이 지남에 따라 현대사회의 복잡한 생활 속에서 몇 가지 자연요법 같은 과정을 거치면서 명료하게 알게 된 글이 존재했고 그 글을 읽고 놀라지 않을 수 없었는데 이것이 그 일의 도식화와 일치했다.

신(God)의 분해

[예] 예수님(Jesus)의 십자가(Cross)

　사람이 만들지도 않은 것을 해체해도 수용과 용서

어떤 물체나 동물 등에 물격(物格)의 존재됨을 수용하고 취미와 위안으로 선택과 취소를 일정 기간으로 하여 경험한 후 최선의 결정을 할 수 있고 거절도 할 수 있다. 물론 존재할 이 두 Output은 나의 것이다.

> 사람은 반려 물격(物格)의 Sn으로 인식됨
> 만일 관심이 있으면 → 충성
> 만일 관심이 없다면 → 무관심 성향

그러므로 사람이 물(物格)과의 Sn Wave 송출 운동은 상기와 동일

이것은 나 자신과의 인정과 약속이므로 타인과는 무관하고 자기 자신에게도 부작용이 없다는 장점이 있다.

무종교

AI 원리는 지금 열거된 Sn으로 God으로 소통·나열 할 수도 있다.

어떻게 사용할 것이냐?(How?)

시험의 합격 여부를 내가 알 수 있다면?

스케줄 관리를 효율화하여 준비를 잘 할 수 있고 절제 등을 여유 있게 할 수 있다.

무엇을 알 수 있는가?(What do you know?)

S

나의 건강 상태 및 건강 증진 Self Decision

나의 Plan 정립과 Co-work 대상 구분

보이지 않는 무엇을 내가 Drive할 수 있는가?

내가 나의(또는 가족의) 겸연쩍은(혹은 불안한 컨디션의) 말과 행동, 감정을 스스로 점검할 때 긍정, 부정의 가상 유발 건에 대해 목표를 설정할 수 있다.

〈1안〉 알려주기 어려울 때 내가 대비

〈2안〉 제3의 간접 경로로 인지시키도록 함

우선 사회적 자살(분노의 탈출구)과 이혼 문제(청소년 가정 문제)를 조금 더 크고 넓게 볼 수 있다면 예방과 방지가 충분할 것이다. 원인과 정당성을 알면 80%는 앞서 생각할 틈을 갖기 때문이다.

그러므로 확대경 같은 Sn, M으로 잠깐 사고의 자가처방(Self Medication

of Thought) 실천은 자기에 대한 오해와 오류를 찾아 내는 계기가 됨으로써 오히려 새로운 도약으로의 전환점이 될 수 있는 것이다.

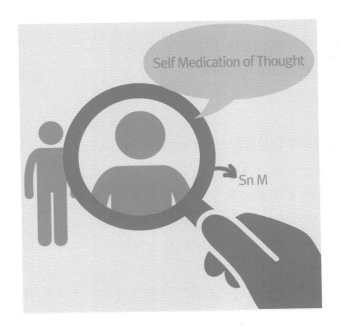

왜란의 침입 조짐이 보일 때 기이한 현상으로 전쟁을 미리 대비할 수가 있었다. 임진왜란 직전 비 오는 날도 아닌데 첨성대의 돌에서 물이 줄줄 흐르는 것이 목격되었다. 물이 아니고 눈물을 흘리는 것이라고 한다. 전운의 기운을 물체가 알고 대비할 것을 신호해 주는 역사적 사실이었다고 전해진다.

보이지 않는 무형 소재를 내가 Drive할 수 있는가?

문자는 어디서 왔고 숫자는 과연 정확한가?

문자는 시공(時空)과 별개인 Sn, M, D를 통해 발굴, 발견되고 소개되었고 숫자는 관심과 집중의 부산물로서 그 자체가 본능적 자율적 진단 시스템이 되었다.

양자이론

양자분자학과 양자론

양자분자학 : 입자 + 파동

　　　　　　분자가 2개 생성

　　　　　　예 칼융의 동일시

　　　　　　텔레파시

　　　　　　고대 제비뽑기

　　　　　　영화 '그의 이름은?'

① 초월자의 파동 에너지 분자 ┐

　　　　　　　　　　　　　　　　공유: D+M(①+②)

② 나의 에너지(분자) ┘ 　　　　　　　　↓

　　　　　　　　　　　　Output ①+② → 성취

　　　　　　　　　　　　　　　　↓

　　　　　　　　　　　　　마음과 환경

　　　　　　　　　　　　　D분자 + M분자

Memo로 하는 직접 측정과 처방

S	C	D	M
−1a	−0.5a	−1.5a	−6a
(1.5)	(0.75)	(6)	(21)

합이 28.575 차이가 30 미만이므로 2차 평가

−1.5a	−1.5a	동일	합이 31.5로 의식주 처방
(2.25)	(2.25)		

응급 처방

Sn	C	D	M	
−7a	−7a	−6a	−6a	
(−10.5)	(−10.5)	(−24)	(−21)	합이 −66

처방

H−Sn 3회/1일

H−C 3회/1일

H−D 2회/1일

H−M 2회/1일

〈1단계 차 처방〉 처방(Prescription)

D7a Sn 7a → D3b Sn3b + M3b

Game Festival

짝 맞추기

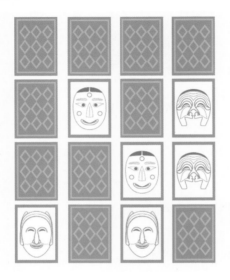

모의 경영

AI 심리게임 입문서

정상에 미리 오르기

탐정

작전 지휘

적진 무너뜨리기

천상

빙고

제비뽑기

타임머신

AI 심리게임 입문서

성취

이중성 체크

진정성 확인

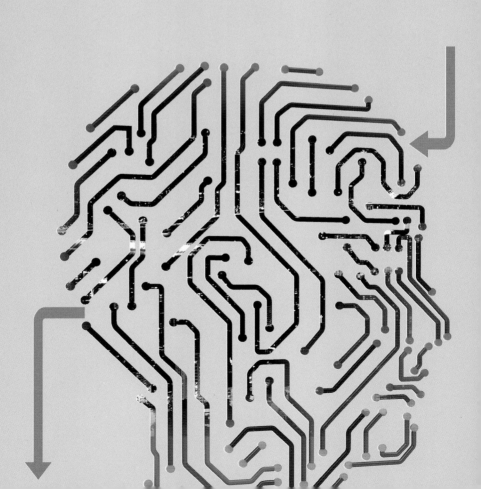

4장 Description
prescription

삶에 지혜을 주는 글

Hv의 중요성

H – Sn

H – D

H – C

H – M

삶에 지혜을 주는 글

- 지혜로운 부하직원은 사장님의 못된 아들을 잘 다스리고, 장차 사장님의 아들들과 함께 유산을 물려받는다.
- 악한 자는 사악한 말에 귀를 기울이고, 거짓말쟁이는 남을 헐뜯는 못된 말에 귀가 솔깃해 진다.
- 남의 허물을 덮어주면 사랑을 받고, 남의 허물을 거듭거듭 들추어내면 친한 벗까지도 등을 돌린다.
- 악한 사람은 오로지 반역 만을 꾀하기 일쑤지만, 결국엔 자비심 없는 잔인한 사신의 방문을 받게 된다.
- 어리석은 일만 저지르는 미련한 사람을 만나느니, 차라리 새끼를 빼앗겨 잔뜩 독이 오른 어미 곰을 만나는 것이 낫다.
- 선을 악으로 갚는 자의 집안에는 온갖 재앙들이 끊이지 않는다.
- 다툼의 시작은 댐에서 물이 새어 나오는것과 같으니, 댐이 터지기 전에 속히 다툴 때 Hv를 연상하라.
- 미련한 자의 손에 돈이 있은들, 그것으로 지혜를 살 마음이 전혀 없는데, 어찌 지혜를 얻을 수 있으랴!
- 변함없이 언제나 사랑하는 것이 친구이고, 위급하고 어려울 때 서로 돕는 것이 형제다.
- 마른 빵 한 조각을 먹더라도 서로 화목하게 지내는 것이 온갖 풍성한 음식 차려 놓고서도 서로 다투는 것보다 낫다.

- 다툼을 좋아하는 사람은 어두운 일을 즐겨하고, 집에 높은 대문 세우기를 좋아하는 사람은 패가망신을 자초한다.
- 마음이 비뚤어진 사람은 복 받아 잘 살 수가 없고, 혀를 놀려 거 짓말하는 사람은 온갖 재난에 빠지기 마련이다.
- 악인은 몰래 뇌물을 받고는, 재판을 굽게 하여 그른 것을 옳다고 판결한다.
- 분별력 있는 사람의 눈은 가까운 데서 지혜를 찾지만, 미련한 자 의 눈은 멀리 땅 끝에서 지혜를 찾아 헛되이 헤맨다.
- 아는 것이 많은 사람은 도리어 말을 아끼고, 통찰력 있는 사람은 냉철하여 성급히 서둘지 않는다.
- 미련한 사람이라도 조용히 침묵하고 있으면 지혜롭게 보이고, 입을 다물고 가만히 있으면 슬기로워 보인다.
- 다른 사람들과 어울리지 못하는 외톨이는 자기 욕심만 챙기려 들 뿐이고, 다른 이들의 건전한 판단을 받아들이지 않는다.
- 미련한 사람은 깨우쳐 주는 명철한 말을 들어도 아무 기쁨을 느 끼지 못하고, 무조건 자기 주장만 고집스럽게 내세운다.
- 악한 일이 있는 곳에는 멸시가 뒤따르고, 수치스런 일 뒤에는 모 욕이 뒤따른다.
- 슬기로운 사람의 입에서 나오는 말은 깊은 샘물과 같으니, 그 지 혜의 샘은 힘차게 흐르는 시내와 같다.
- 어리석은 사람의 입술은 다툼을 불러오니, 그의 입은 매를 불러 들이기 일쑤이다
- 어리석은 사람은 자기 입의 말 때문에 망하니, 그 입술의 말이 올가미가 되어 스스로를 옭아맨다.
- 다른 사람 헐뜯기를 잘하는 사람의 말은 맛있는 음식과 같아서, 그런 말들은 사람의 뱃속 깊은 곳까지 잘 내려간다.

- 자기 할 일을 게을리 하는 사람과 일을 망치는 자는 서로 형제간 이다.
- 부자들은 자기 재산을 견고한 성채처럼 여기므로, 그들은 그것 이 아무도 오를 수 없는 높은 성벽처럼 자기를 안전하게 지켜줄 것이라고 생각한다.
- 사연을 다 들어 보기도 전에 대답부터 하는 것은 어리석은 짓이 어서, 망신을 당하기 십상이다.
- 사람이 정신을 바짝 차리면 병도 이겨낼 수 있지만, 마음속의 정 신력이 꺾일 때 Hv로 충전 해야 한다.
- 사람의 마음은 지식을 얻고, 지혜로운 사람의 귀는 지식을 구한다.
- 제비뽑기는 사람들 사이의 말다툼을 판가름 짓고, 강한 사람들 사이의 팽팽한 논쟁을 종식시킨다.
- 형제끼리 싸워서 의가 상하게 되면, 그것을 되돌리기가 견고한 성읍을 점령하는 것보다 훨씬 어렵다. 참으로 형제간의 다툼은 성문의 문빗장처럼 마음의 문을 꼭꼭 닫아걸게 한다.
- 사람은 그 입에서 나오는 말의 열매로 배를 채우고, 그 입술에서 거두는 말의 결과로 만족하게 된다.
- 사람의 죽고 사는 것이 그 혀에 달려 있으니, 혀를 잘 다루는 사 람은 그 열매를 먹게 된다.
- 친구를 많이 둔 사람은 더러 피해를 입기도 하지만, 그들 가운데 는 형제보다 더 가까운 친구도 있다.
- 가난해도 흠 없이 진실하게 살아가는 사람이 입술로 거짓말 하 며 미련하게 살아가는 사람보다 낫다.
- 지식이 없는 열심은 바람직하지 않고, 너무 서두르면 잘못을 범 하기 쉽다.
- 거짓으로 증언하는 사람은 처벌을 면할 수 없고, 거짓말 하는 사

람도 형벌을 피하지 못한다.

- 선물을 잘 주는 사람에게는 다들 친구가 되고 싶어 한다.
- 지혜를 얻는 사람은 자기 영혼을 사랑하는 사람이고, 깨달음을 구하는 사람은 모든 일이 형통하게 마련이다.
- 미련한 자가 사치스럽게 사는 것은 어울리지 않는 일이고, 더욱이 종이 고관들을 다스리는 것은 더 말할 나위가 없다.
- 지혜로운 사람은 분통 터지는 일이 생겨도 화를 더디 내며 속으로 잘 삭이는 자이고, 남의 허물을 잘 덮어 주는 사람은 사람들에게 칭송을 받는다.
- 미련한 자식은 아버지에게 재난을 가져다주고, 다투기를 좋아하는 아내는 천장에서 쉼 없이 뚝뚝 떨어지는 빗방울과 같다.
- 게으른 사람은 빈둥거리며 깊은 잠이나 잘 뿐이고, 나태한 사람은 먹을거리를 구하지 못해 굶주리게 된다.
- 네 아들을 훈계하라. 그리하면 그 아들에게 희망이 있다. 그러나 죽일 마음을 품듯 너무 심하게 다루어서 자녀를 파멸로 몰아가서는 안 된다.
- 성질이 불 같이 급한 사람은 스스로 그만한 대가를 치러야 한다. 만일 그런 사람을 한번 구해주면, 다음에 또 구해줄 일이 반드시 생길 것이다.
- 충고를 귀담아듣고, 책망을 달게 받아들여라. 그러면 네가 결국 지혜로운 사람이 될 것이다.
- 사람의 탐욕은 자기 자신에게 부끄러운 것이니, 가난하게 사는 것이 거짓말쟁이 보다 낫다.
- 게으른 사람은 밥그릇에 숟가락을 대고서도 밥을 떠서 입안에 넣기를 귀찮아한다.

Hv의 중요성

- 도가니는 은을, 풀무는 금을 단련하지만, Hv는 사람의 마음을 담금질한다.
- 가난한 사람을 경멸하는 것은 Hv가 부족해서이다, 누구든지 남의 재앙을 보고 고소해하는 사람은 재앙을 면하지 못한다.
- 악인을 의롭다고 하는 것이나, 의인을 악하다고 하는 것은 Hv와 반하는 일이다.
- Hv 모르는 자녀를 둔 부모는 근심 걱정이 그칠 날 없으니, 무슨 낙으로 세상을 살아가랴?
- Hv의 즐거움은 몸과 마음에 보약 같아서 병을 낫게 하지만, Hv에 대한 무지는 마음에 근심이 있을 때 뼛속까지 상하게 한다.
- Hv를 모르는 자녀는 아버지의 근심이고, 어머니의 고통이다.
- Hv를 경시 여기는 것은 옳은 일이 아니요, 고결한사람이 정직 하여도 Hv에 무지함은 올바른 일이 아니다.
- Hv의 이름은 견고한 망대 같아서, 거기로 달려가면 안전하게 쉴 수 있다.
- 사람의 마음이 교만하면 Hv로 겸손하게 할 수 있다
- 사람은 자신이 어리석음을 Hv로 지혜자가 될 수 있다.
- 리더의 분노는 성난 사자가 으르렁대는 것 같고, 리더가 Hv를 알면 풀잎 위에 맺히는 이슬 같다.

- 집과 재산은 부모에게서 물려받지만, 슬기로운 아내는 Hv가 만나게 해준다.
- 마음의 장애자를 불쌍히 여겨 그에게 친절을 베푸는 것은 Hv를 빌려주는 것과 같아서, 장차 Hv를 그 사람 행위대로 얻게 된다
- 사람의 마음에 많은 계획들이 있어도, 마침내 이루어지는 것은 Hv로 인한 것임을 알게 된다.
- Hv를 인식하는 것이 기쁨을 얻는 길이다. 그런 자는 만족한 삶을 누리고, 어떤 재앙도 만나지 않을 것이다.

H - Sn

말 잘하는 법 50

어떤 학자의 연구에 따르면 한 사람은 평생 5백만 마디의 말을 한다. '말 한마디로 천냥 빚을 갚는다'는 말이 있는데 그렇다면 평생 하는 말을 돈으로 환산하면 얼마가 될까? 1돈짜리 돌 반지가 7만 원이라면 말 한마디가 7천만 원이 되고 5백만 마디로 곱하면 3천 5백조 원이 된다. 원석을 갈고 다듬으면 보석이 되듯 말도 가다듬으면 찬란히 빛나는 예술이 된다.

01. 때와 장소를 가려서 말하라. 그곳에서의 히트곡이 여기서는 소음이 된다.

02. 말에도 온도가 있다. 썰렁한 말 대신 화끈한 말을 사용하라.

03. 내가 하고 싶은 말을 하지 말라. 그가 듣고 싶어 하는 말을 하라.

04. 적게 말하고 많이 들어라. 그것이 교양 있는 사람의 태도다.

05. 입에서 나오는 대로 말하지 말라. 체로 거르듯 곱게 말하라.

06. 사람을 보고 말하라. 눈이 맞아야 마음도 맞는다.

07. 풍부한 예화를 들어가며 말하라. 예화는 말의 맛을 내는 천연 조미료다.

08. 일관성 있게 말하라. 믿음을 잃으면 진실도 거짓이 되어 버린다.

09. 말을 독점하지 말라. 대화는 일방통행이 아니라 쌍방 교류다.

10. 상대방의 말을 끝까지 경청하라. 그것이 교양 있는 사람의 태도다.

11. 나만 옳다는 생각을 버려라. 상대방의 의견도 옳다고 받아들여라.

12. 죽는 소리를 하지 말라. 죽는 소리를 하면 천하장사도 살아남지 못한다.

13. 말에는 책임이 따른다. 책임질 수 없는 말은 하지 말라

14. 불평불만을 입에서 꺼내지 말라. 불평과 불만은 불운의 동업자다.

15. 반찬만 골라서 먹지 말라. 말도 골라서 하라.

16. 눈은 입보다 더 많은 말을 한다. 눈으로 말하라.

17. 생각하고 말하고 말한 다음 생각하라. 그래야 실수가 적어진다.

18. 비난과 비판을 하지 말라. 말에는 부메랑 효과가 있다.

19. 편집하며 말하라. 분위기에 맞게 넣고 빼면 차원 높은 예술이 된다.

20. 미운 사람 욕하지 말라. 각별하게 대해 주면 적군도 아군이 된다.

21. 신이 아닌 이상 실수는 있게 마련이다. 잘못했을 때 곧바로 사과하라.

22. 재미있게 말하라. 사람들이 돈 내고 극장 가는 것도 재미가 있기 때문이다.

23. 누구에게나 선한 말을 해 주어라. 그래야 좋은 기의 파장이 주위를 둘러싼다.

24. 상대가 싫어하는 말을 하지 말라. 듣고 싶어 하는 말을 하기에도 바쁜 세상이다.

25. 말에도 맛이 있다. 입맛 떨어지는 말 대신 감칠맛나는 말을 하라.

26. 알아듣게 말하라. 속으로 웅얼거리면 염불인지 욕인지 착각을 한다.

27. 뒤에서 험담하는 사람과는 가까이하지 말라. 모진 놈 옆에 있다가 벼락 맞는다.

28. 올바른 생각을 많이 하라. 올바른 생각이 올바른 말을 나오게 한다.

29. 부정적인 말은 하지도 듣지도 전하지도 말라. 부정적인 말은 부정 타는 말이다.

30. 모르면 이해될 때까지 열 번이라도 물어라. 묻는 것은 결례가 아니다.

31. 소리는 말을 담는 그릇이다. 좋은 내용도 투덜대면 나쁜 말로 변하게 된다.

32. 상대방을 높이며 말하라. 자기를 높이면 황당한 사건이 생겨난다.

33. 칭찬, 감사, 사랑의 말을 많이 하라. 이 말은 기쁨이 넘치게 만드는 말이다.

34. 공통 화제를 선택하라. 화제가 잘못되면 남의 다리 긁다가 끝이 난다.

35. 입에서 나오는 대로 말하지 말라. 가슴에서 우러나오는 말을 하라.

36. 대상에 맞는 말을 하라. 열이면 열 모두 생각이 다르다.

37. 말로 입은 상처는 평생 간다. 말에는 지우개가 없으니 조심해서 말하라.

38. 말 한마디로 천 냥 빚을 갚는다.

39. 품위 있는 말을 사용하라. 자신이 하는 말이 품격이고 인격이다.

40. 자만, 교만, 거만은 적을 만드는 언어다. 겸손하게 말해야 내가 올라간다.

41. 기어들어 가는 소리로 말하지 말라. 그것은 임종 때나 하는 말이다.

42. 표정과 함께 온몸으로 말하라. 입으로만 하는 말은 일부분이다.

AI 심리게임 입문서

43. 활기 있게 말하라. 생동감은 상대방을 감동시키는 원동력이다.

44. 솔직하게 말하고 진실하게 행하라. 그것이 승리자의 길이다.

45. 말에는 언제나 책임이 따른다. 책임질 수 없는 말은 하지 말라.

46. 실언이 나쁜 것이 아니라 변명이 나쁘다. 변명 대신 곧바로 사과하라.

47. 말에는 메아리의 효과가 있다. 자신이 한 말이 자신에게 가장 큰 영향을 미친다.

48. 말이 씨가 된다. 어떤 씨앗을 뿌리고 있는가를 먼저 생각하라.

49. 자신의 말을 전문가에게 평가해 달라고 부탁하라. 그래야 제대로 평가된다.

50. 같은 소리를 두고두고 하지 말라. 치매 환자로 오인 받는다.

어느 복지사의 감동적인 글

그 아주머니의 얼굴을 보는 순간 나는 흠칫 놀라고 말았다.

얼굴 한쪽은 화상으로 심하게 일그러져 있었고, 두 개의 구멍이 뚫려 있는 것으로 보아 그곳이 예전에 코가 있던 자리임을 알 수 있을 정도였다.

순간 할 말을 잃고 있다가 내가 온 이유를 생각해 내곤 마음을 가다듬었다.

"사회복지과에서 나왔는데요."

"너무 죄송해요. 이런 누추한 곳까지 오시게 해서요. 어서 들어오세요." 금방이라도 떨어질 듯한 문을 열고 집안으로 들어서자, 밥상 하나와 장롱뿐인 방에서 혹 하고 이상한 냄새가 끼쳐 왔다.

그녀는 나를 보더니 어린 딸에게 부엌에 있는 음료수를 내어 오라고 시킨다. "괜찮습니다. 편하게 계세요. 얼굴은 왜 다치셨습니까?"

그 한마디에 그녀의 과거가 줄줄이 읊어 나오기 시작했다.

"어렸을 적에 집에 불이 나 다른 식구는 죽고 아버지와 저만 살아났어요."

그때 생긴 화상으로 온몸이 흉하게 일그러지게 되었다는 것이다.

"그 사건 이후로 아버지는 허구한 날 술만 드셨고 절 때렸어요. 아버지 얼굴도 거의 저와 같이 흉터 투성이였죠. 도저히 살 수 없어서 집을 뛰쳐나왔어요." 그렇게 집을 나온 아주머니는 부랑자를 보호하는 시설을 알게 되었고 거기서 몇 년간을 지낼 수 있었다.

"남편을 거기서 만났어요. 이 몸으로 어떻게 결혼을 했냐고요? 남편은 앞을 못 보는 시각 장애인이었지요." 그와 함께 살 때 지금의 딸도 낳았고, 그때가 자기 인생에서 가장 행복한 시기였다고 그녀는 말했다.

그러나 행복도 잠시, 남편은 딸아이가 태어난 지 얼마 후부터 시름시름 앓더니 결국 세상을 등지고 말았던 것이다.

마지막으로 그녀가 할 수 있는 것은 전철역에서 구걸하는 일뿐이었다. 말하는 게 얼마나 힘들었던지 그녀는 눈물을 쏟기 시작했다.

그러던 중 어느 의사 선생님의 도움을 받아 무료로 성형수술을 할 수 있게 되었지만 여러 번의 수술로도 그녀의 얼굴은 나아지지 않았다는 것이다.

"의사 선생님이 무슨 죄가 있나요. 원래 이런 얼굴인데 얼마나 달라지겠어요." 수술만 하면 얼굴이 좋아져, 웬만한 일자리는 얻을 수 있을 거라는 희망과는 달리, 그녀는 몸과 마음에 상처만 입고 절망에 빠지고 말았다고 했다.

부엌을 돌아보니 라면 하나, 쌀 한 톨 있지 않았다. "쌀은 바로 올라올 거고요, 보조금도 나올 테니까 조금만 기다리세요." 하며 막 일어서는데 그녀가 장롱 깊숙한 곳에서 무언가를 꺼내 내 손에 쥐어주는 게 아닌가.

"이게 뭐예요?" 검은 비닐봉지에 들어 있어, 짤그랑짤그랑 소리가 나는 것이 무슨 쇳덩이 같기도 했다.

봉지를 풀어 보니 그 속에는 100원짜리 동전이 하나 가득 들어 있는 게 아닌가?

어리둥절해 있는 나에게 그녀는 잠시 뜸을 들이다가 말하는 것이었다.

"구걸하면서 1,000원짜리가 들어오면 생활비로 쓰고, 500원짜리가 들어오면 자꾸 시력을 잃어 가는 딸아이 수술비로 저축하고, 그리고 100원짜리가 들어오면 나보다 더 어려운 노인 분들을 드리기로 결심했었어요. 좋은 데 사용해 주세요."

내가 꼭 가지고 가야 마음이 편하다는 그녀의 말을 뒤로 하고 집에 와서 세어 보니, 모두 1,006개의 동전이 들어 있었다.

그 돈을 세는 동안 내 열 손가락은 모두 더러워졌지만 감히 그 거룩한 더러움을 씻어 내지 못하고, 그저 그렇게 한밤을 뜬눈으로 지새고 말았다.

H - M

삶을 움직이는 힘

"말 한마디로 천 냥 빚을 갚는다"라는 속담이 있듯 어려운 상황 가운데서도 한마디 말로 반전되는 경우가 많다. 간단한 대화를 통해서도 상대를 능히 파악할 수 있다. 한마디 말을 통해 인격과 성품, 심지어 성장 과정까지 어느 정도 엿볼 수 있다.

말은 사람을 죽이기도, 살리기도 한다. 격려하고 칭찬함으로써 보잘것없는 사람을 훌륭하게 만들 수도 있다. 반대로 핀잔하고 상처 주는 말을 통해 상대방의 장점까지도 말살시킬 수 있고 그의 미래까지 무너뜨릴 수 있다.

많은 위인들의 뒤에는 격려와 사랑의 말로 부족한 사람을 훌륭하게 세운 부모님이나 스승이 있다. 유년 시절이 엉뚱하기로 유명한 에디슨의 천재성을 발견한 것은 그의 어머니이다. 교사에게 발견되지 못했던 그의 천재성은 어머니의 긍정적 사고와 격려의 말로 빛을 발해 그는 위대한 발명가로 이름을 남길 수 있었다.

응석 부릴 나이에 내가 러시아 발레학교 진학을 결심할 수 있었던 데는 부모님의 "넌 할 수 있어."라는 말 한마디가 결정적이었다. 매 순간 자신과 싸워야 했던 어려운 순간 역시, 그때 그 말씀 한마디로 이겨낼 수 있었고 지금도 나에게는 가장 큰 버팀목이다.

말의 힘이란 삶을 활력 있게 만드는 원동력이다. 사랑한다는 한마디 말을 통해 사랑받는 존재로 커갈 수 있다. 사랑받는 사람이 사랑을 줄 수 있다. "널 사랑해.", "넌 누구에게나 소중한 존재란다."라는 말 한마디로 자신들의 꿈을 키워가며 다른 사람을 사랑할 수 있는 인물이 될 수 있다. 말은 심은 대로 거둔다. 부정적인 말을 심으면 부정적으로 거두게 되고 긍정적인 말을 심으면 긍정적인 열매를 거둔다.

말과 함께 우리 삶의 원동력이 되는 것이 위로다. 위로는 역경과 장애 앞에서도 무릎 꿇지 않을 수 있도록, 멈추지 않고 전진할 수 있도록 해 주는 힘의 원천이다. 상처받기 쉬운 세상에서 위로란 많으면 많을수록 좋다. 어차피 우리는 늘 타인의 냉정한 비평과 비판 속에서 살아가는 존재 아니던가.

시험에서 낙방한 사람들, 마술사가 되고자 했던 철물점 아저씨, 작가가 되고 싶었던 헌책방 주인, 그리고 나 자신을 위해서도 위로의 노래를 들려 줘야 한다. 그동안 겪었을 심장 떨리는 아픔을 동감하고, 아무도 모르게 가슴으로 흘리는 눈물을 닦아 주고 싶다. 누군가 힘에 겨워 울고 있다면, 지금은 그저 조용히 어깨를 두들겨 주며 "넌 할 수 있어."라고 말해 주고 싶다.

내가 발레의 선율로 아름다운 작품을 빚어내듯 향기로운 말로 정이 넘치는 세상을 만들고 싶다. 그 말이 서로에게 따뜻한 울림이 되어 꿈을 키우고 용기를 북돋우는 행복의 메신저였으면 좋겠다. 또한 늘 위로받기보다 상대방을 위로하라는 프란체스코 성인의 가르침을 실천하는 삶의 여정을 꾸리고 싶다.

◇ 멋쟁이 부부 십계명

1. **매일 한 끼는 함께 식사하라.** (부부가 마주앉아 정답게 식사를 하면 가족 전체의 평화도 가까워진다)

2. **매월 한 번 이상 함께 외출하라.** (연애시절이나 신혼 때 자주 들렀던 곳에 가보는 것도 신선한 느낌을 줄 수 있다)

3. **계절마다 함께 여행을 하라.** (철 따라 운치 있는 곳을 찾아나서는 "작은 사치"는 서로의 애정을 깊게 하는 지름길이다)

4. **서로 유연하게 생각하고 행동하라.** (어려운 일을 당할 때 자유분방하게 대처하는 연습이 필요하다)

5. **기념일을 장식하라.** (생일, 결혼기념일은 물론 처음 만난 날과 약혼기념일까지 챙긴다면 금상첨화다)

6. **매주 한 통 이상의 편지를 써라.** (상대방에 대한 칭찬과 고마움을 글로 나타낸다는 건 또 다른 흥분과 기쁨을 선사한다)

7. **서로 격려하라.** ("당신 생각이 옳아요.", "당신 차림이 잘 어울려요."라는 등 상대방을 북돋우는 말을 자주 하자)

8. **여가에 투자하라.** (같이할 수 있는 취미를 갖게 되면 대화도 늘고 서로 간의 이해도 깊어진다)

9. **계획을 세워라.** (로맨스는 우연히 오는 게 아니고 창조하는 것이다. 일주일에 한 번 정도는 정기적으로 슈퍼에 같이 가거나 식사 또는 다른 가사 일을 돕는 것도 좋은 방법이다)

10. **생활을 즐겨라.** (욕심을 줄이고 여유 있는 태도를 가지면 주어진 상황이 달라 보인다)

◈ 좋은 아버지가 되는 법 10가지

1. 좋은 일로 대화하고 노부모를 공경하자.
2. 똑같은 일로 두 번 야단치지 말자.
3. 자녀를 손으로 때리지 말자. (잘못한 일이 있으면 벌을 세우거나 회초리를 사용하라)
4. 자녀와 공동의 경험을 늘려 대화의 소재를 축적하자.
5. 자녀가 스스로 판단한 의사를 존중하자. (어린이도 인격체임을 인정하고 자녀에게 결정권을 주면 자립심이 길러진다)
6. 한번 한 약속은 반드시 지키자. (술김에 한 약속이나 얼떨결에 한 약속이라도 지켜야 한다)
7. 자녀 앞에서 부부싸움을 하지 말자.
8. 가족끼리 식사할 때 신문을 보지 말자.
9. 아이가 좋아하는 책이나 어린이 프로그램을 같이 보자.
10. 힘든 일에도 자녀를 참여시켜 협동심을 길러주자.

◈ 시어머니 10계명

1. 뭐든 터놓고 이야기한다.
2. 며느리의 취미를 살려 준다.
3. 일이 없어도 일부러 외출 시간을 갖는다. (며느리에게 자유시간을 주기 위함이다)
4. 같은 신앙을 갖는다.
5. 역할을 나누는 것이 좋다.
6. 며느리와 함께 아들 흉을 본다.
7. 내 물건을 살 때 며느리 것도 사라.
8. 딸들에게는 무관심하게 하라.

9. 돈 쓸 때는 꼭 써라.

10. 저녁식사 후에는 (아들, 며느리를) 부르지 않는다.

◇ 성공하는 사람

1. 일찍 자고 일찍 일어나며 밥 잘 먹고 잠 잘 자는 사람

2. '네 덕이요, 내 탓이다.' 언제나 겸손한 자세를 갖는 사람

3. 어떤 좌절과 고난 속에서도 희망을 잃지 않는 사람

4. 주량보다 독서량을 자랑하는 사람

5. 약속을 잘 지키고 솔선수범하며 나보다 남을 더 생각하는 사람

6. 자기 관리를 철저히 하고 어떤 고난도 감사히 받아들이는 사람

7. 언제나 낙천적이고 밝은 미소를 짓고 있는 사람

8. 누구의 말이든지 열심히 경청하는 사람

9. 상대방을 똑바로 바라보며 손을 잡는 사람

10. 나보다 나은 사람과 만나는 사람

11. 언제나 보다 나은 방법을 생각하는 사람

12. 내가 걸려 넘어진 돌을 디딤돌로 쓰는 사람

13. 검소한 옷차림, 검소한 음식을 먹는 사람

14. 자신의 몸을 성전(聖殿)처럼 돌보는 사람

15. 가정이 천국 같은 사람

16. 일을 즐겁게 하는 사람

◇ 나이 든 사람 지혜롭게 살기

늙으면 설치지 말고 미운 소리, 우는 소리, 헐뜯는 소리, 그리고 군
소릴랑 하지도 말고 조심조심 일러주고, 알고도 모르는 척 어수룩하
게 그렇게 사는 것이 평안합니다. 이기려 하지 맙시다. 져주십시오.

한 걸음 물러서서 양보하는 것이 지혜롭게 살아가는 비결이라오.

돈, 돈 욕심을 버리시구려. 아무리 많은 돈 가졌다 해도 죽으면 가져갈 수 없는 것. 많은 돈으로 자식들 싸움하게 만들지 말고 살아있는 동안 많이 뿌려서 산더미 같은 덕을 쌓으시구려. 언제나 감사함을 잊지 말고 항상 고마워하시구려.

그렇지만 그것은 겉 이야기. 정말로 돈 놓치지 말고 죽을 때까지 꼭 잡아야 하오. 옛 친구 만나거든 술 한잔 사주고 손주 보면 용돈 한 푼 줄 돈 있어야 늘그막에 모두가 받들어 준다나… 우리끼리 말이지만 사실이라오.

옛날 일들일랑 모두 다 잊고 잘난 체 자랑일랑 하지를 마소. 우리들의 시대는 다 지나갔으니 아무리 버티려고 애를 써 봐도 이 몸이 마음대로 되지를 않소.

그대는 뜨는 해, 나는 지는 해, 이런 마음으로 지내시구려. 나의 자녀, 나의 손자 그리고 이웃 누구에게든지 좋게 뵈는 늙은이로 사시구려. 멍청하면 안 되오. 아프면 안 되오. 늦었지만 바둑도 배우고 기(氣)체조도 하시구려. 아무쪼록 오래오래 사시구려.

◇ 승자의 도(道)
승자는 행동으로 말을 증명하고
패자는 말로 행위를 증명한다.
승자는 실수했을 때 "내가 잘못했다"고 말한다.

패자는 실수했을 때 "너 때문에 이렇게 되었다"고 말한다.
승자의 입에는 솔직함이 가득하고
패자의 입에는 핑계가 가득하다.

승자는 어린 아이에게도 사과할 수 있고
패자는 노인에게도 고개를 숙이지 못한다.

승자는 패자보다 더 열심히 일하지만 시간의 여유가 있고
패자는 승자보다 게으르지만 늘 "바쁘다 바쁘다"고 말한다.

승자의 하루는 25시간이고
패자의 하루는 23시간밖에 없다.

승자는 열심히 일하고 열심히 놀고 열심히 쉬며
패자는 허겁지겁 일하고 빈둥빈둥 놀고 흐지부지 쉰다.

승자는 시간을 관리하며 살고
패자는 시간에 끌려 산다.

◇ 말 한마디
부주의한 말 한마디가 싸움의 불씨가 되고
잔인한 말 한마디가 삶을 파괴한다.
쓰디쓴 말 한마디가 증오의 씨를 뿌리고
무례한 말 한마디가 사랑의 불을 끈다.
은혜로운 말 한마디가 길을 평탄케 하고

즐거운 말 한마디가 하루를 빛나게 한다.
때에 맞는 말 한마디가 긴장을 풀어 주고
사랑의 말 한마디가 축복을 준다.

수면 과학

19세기 초반까지만 해도 과학자들은 잠을 절반의 각성, 절반의 죽음과 같은 이른바 '중간 상태'로 여겼다. 밤에는 뇌가 휴식 상태에 접어들었다가 아침에 깨어나 활동하는 것으로 생각한 것이다. 그러나 1950년대 미국의 한 대학원생에 의해 잠의 정체가 드러나기 시작했다. 잠자는 동안 어린아이의 눈동자가 마치 뚜렷한 물체를 보듯 아주 빠르게 움직이는 렘(REM; Rapid Eye Movement) 현상을 발견했다. 우리말로 번역하면 '급속 안구 운동'이다.

렘 현상의 발견으로 "여호와께서 그 사랑하시는 자에게 잠을 주시는도다"(Bible 시편 127편 절)에 대한 과학적 해석이 가능해졌다. 잠이 깊이에 따라 1~4단계로 구분 · 설명된 것도 이때부터였다. 단계가 높아질수록 잠은 깊어지는데 4단계 이후에 비로소 꿈을 꾸는 렘 수면 상태로 들어간다. 렘 수면이 끝나면 다시 1~4단계 중 어느 한 단계로 돌아갔다가 다시 4단계를 거쳐 렘 수면으로 빠져든다. 이렇게 수면 상태가 얕아졌다가 깊어지는 현상이 하룻밤에 보통 4~6회 정도 반복된다.

신체는 이런 반복을 통해 '달콤한 안식'(Bible 에레미아 31장 26절)을 취한다. 사랑하시는 자에게 주시는 잠에 대해 잠언 기자는 이렇게 적고 있다. "네가 누울 때에 두려워하지 아니하겠고 네가 누운즉 네 잠이 달리로다"(잠 3:24)

수면 과학자들에 따르면 잠은 대략 4가지의 기능을 한다. 첫째, 잠의 가장 중요한 기능은 낮에 손상된 신경계의 회복을 들 수 있다. 과도한 업무와 스트레스, 그리고 특히 긴장과 짜증 등으로 약해진 중추 신경계를 회복시키는 데 잠은 탁월한 기능을 한다. 이 때문에 낮에 축적된 각종 피로 물질이 분해되는 것이다. '천연 보약'이란 표현이 오히려 적당하다.

둘째, 신경계의 성장 발달을 도모한다. 수면 중에 성장 호르몬이 집중적으로 분비되기 때문이다. 만약 성장 단계에 있는 어린아이가 잠을 충분히 자지 못하면 키가 제대로 자라지 않는다. 반면 성장이 다 끝나버린 성인이라고 해도 수면 중에 분비되는 이 호르몬의 양이 부족하면 노화가 급속하게 진행된다. 어린아이나 성인 모두에게 잠은 보약임에 틀림없다.

셋째, 정보 처리와 갈등 해소 기능이다. 수면 중 4단계에서 렘 상태로 빠지게 되면 꿈을 꾸게 되는데 이때 과거의 파일이 정리, 분류, 삭제된다. 쓰레기와 같은 과거의 기억은 렘 상태에서 정리되고 삭제된다. 컴퓨터의 휴지통을 깨끗하게 비우는 작업과 같다. 뿐만 아니라 과거의 파일이 저장 영역에서 파손되지 않도록 기억시키기도 한다. 렘 상태에 들어가면 단백질 합성이 증가하기 때문에 삭제와 기억 작업이 왕성하게 이뤄진다. 따라서 수면 시간을 과도하게 줄이면서 학업에 매달리는 것은 이런 의미에서 비과학적이라고 할 수 있다.

넷째, 감정 조절 기능을 들 수 있다. 불쾌하고 불안한 감정은 렘 상태에서 분류, 삭제 등의 정보 처리를 통해 정화된다. 휴일 아침, 해가 중천에 뜰 때까지 늦잠을 자고 일어났을 때의 상쾌함과 평안함을 게으름으로 질책하는 것은 어쩌면 잘못된 질타일 수도 있다.

사람에 따라 최적 수면 시간은 다소 차이가 있다. 낮에 졸리지 않고 집중력을 가지고 일상생활을 유지할 수 있는 정도가 최적 수면 시간이다. 통상 8시간으로 잡았을 때 임상 연구 결과 30분 이상을 줄이면

피로와 집중력 저하, 짜증, 환각, 망상, 공격성 등이 증가하게 된다. 이
와 함께 각종 호르몬 체계가 교란되고 면역력 또한 현저하게 떨어지
는 것으로 조사됐다.

Allopathic Medicine 증상치료의학

멸균의학, 유물론의학

병균 침투, 수술에 좋긴 하다.

노인병, 성인병, 현대병

Naturopathic Medicine 근본 치료의학=자연치료의학

몸 자체의 치유력 회복의학

정상세포가 싫어하는 것 focus 어긋난 삶

세포 유전자와 어긋나게 사는 것

당 : 육체를 움직이는 것

피 속의 당을 세포가 흡수를 안 하기 때문에

당 : 살 맛이 있어야

미국 식사 MD   1년에 300 – 500개 암세포 발(發)

                    지금은 3,000 – 5,000개

정상세포 마음을 백혈구 관리

황산염, 인산염

우유 단백질 중화시킴

공복에 물 2잔씩 하루 8잔 이상 수돗물 정수

아침 2잔 배고프면

2시간 후 2잔

점심 2잔

저녁 2잔

식전 30분

= 6컵 + 2컵 최상

뇌가 깨끗해짐

알칼리수 Ph농도 자율조절(산성체질이란 말은 없다)

평생 안 일어날 것

1. ○ ○ ○ ○ 40%

2. 지나간 것 30%

3. 사소한 것 22%

4. 불가항력적인 것 4%

5. 노력하면 해결할 수 있는 것 4%

현대병의 최단시일 근치법

가장 좋은 당은 먹으며 노폐물 제거

H-M을 통하여

뇌가 각 지체(내장기관)와의 소통이 원활하지 못했음을 올바로 인식하게 되며 각 세포는 뇌의 업무 과부하로 힘들었던 부분을 각각의 세포가 분담하고 위로해 줌으로써 뇌파의 균형 있는 송수신과 대처 순발력이 증강된다. 따라서 배꼽을 기준으로 머리 방향과 하체 방향, 또 코를 기준으로 좌우대치 등 Hv의 원활하고 균형 잡힌 흐름이 이뤄지도록 일상에서 쉽게 할 수 있는 처방이다.

〈M, Sn, D의 Coinonia〉

뇌는 독립장기에 해당하는 M에 해당하며 몸과 마음을 이어주거나 차단하는 Channel이다.

Sn세포는 통증이라는 C로 소통을 시도하지만 C의 비중이 M인 뇌에서는 후순위이다.

음성통증에는 아직 Hv가 도킹되기 전이기 때문이기도 하다.

Hv는 M과 Coinonia 관계이다.

그 결과 나타나는 근육의 unbalance, 디스크, 거북목 증후근, 일자목 증후군으로 나타나고 뇌가 간과한 그 근육은 암세포로 변종되거나 기타 질병의 원인을 제공한다.

뇌와 각 기관의 이해를 위해서는 정신의 그릇인 Sn이 C인 정신보다 우선된다.

* 모든 물격(物格)에는 고유한 의미가 내재되어 있다.

* 건강은 Hv에 의해 전염된 M인 뇌가 음성 통증 C를 만나면서 스스로 그 정도를 완화시키는 물질을 보낸다.

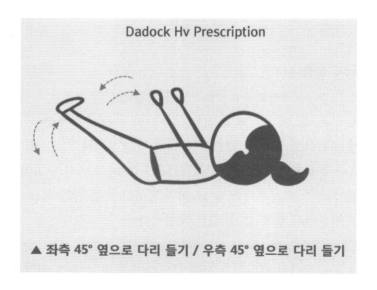

Dadock Hv Prescription

▲ 좌측 45° 옆으로 다리 들기 / 우측 45° 옆으로 다리 들기

AI 심리게임 입문서

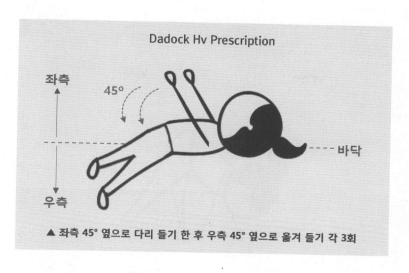

Dadock Hv Prescription

좌측

45°

바닥

우측

▲ 좌측 45° 옆으로 다리 들기 한 후 우측 45° 옆으로 옮겨 들기 각 3회

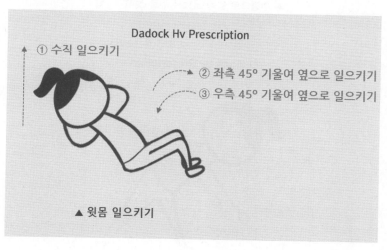

Dadock Hv Prescription

① 수직 일으키기

② 좌측 45° 기울여 옆으로 일으키기

③ 우측 45° 기울여 옆으로 일으키기

▲ 윗몸 일으키기

H - M

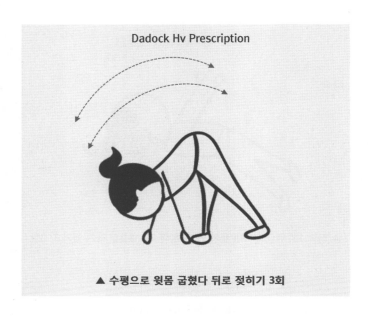

▲ 수평으로 윗몸 굽혔다 뒤로 젖히기 3회

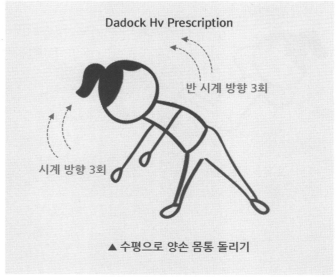

▲ 수평으로 양손 몸통 돌리기

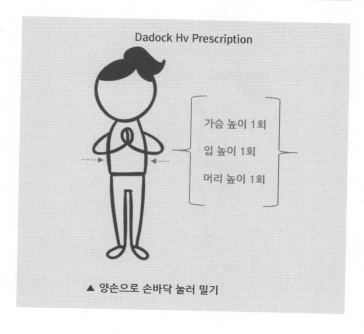

Dadock Hv Prescription

좌측 6회 / 우측 6회

▲ 45° 옆으로 몸 돌려 배 두드리기

Dadock Hv Prescription

가슴 높이 1회

입 높이 1회

머리 높이 1회

▲ 양손으로 손바닥 눌러 밀기

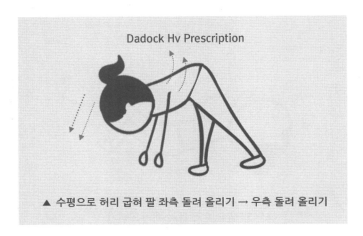

Dadock Hv Prescription

▲ 수평으로 허리 굽혀 팔 좌측 돌려 올리기 → 우측 돌려 올리기

Dadock Hv Prescription

좌측 발 3회
우측 발 3회

▲ 무릎 가슴 앞 당기기

AI 심리게임 입문서

Dadock Hv Prescription

▲ 좌측/우측 각 3 Step

H - C

◈ 비만증의 조기 증상

① 정신 집중이 잘 안 되고 언제나 잠이 부족한 것 같은 느낌이 든다.

② 오래 서 있는 것이 두려우며 버스나 전철을 탈 때 기대고 싶어진다.

③ 계단으로 오르다가 귀찮고 숨이 차며 자주 엘리베이터를 이용한다.

④ 운동이 하기 싫고 자주 몸이 나른해지며 권태해진다.

⑤ 피로가 쉽게 오고 작은 일에도 화를 잘 내게 된다.

⑥ 같은 자세로 오래 앉아 있거나 서 있지 못한다.

⑦ 잠을 깊이 이룰 수 없어 술을 마셔야 잠이 온다.

⑧ 밤중에 잠을 설치고 자주 깬다.

⑨ 섹스에 대한 의욕이 없고 약해진다.

⑩ 주량이 약해진다. 종전 주량대로 마시면 금방 취한다.

  ▶ 이상 항목 중 1~2개에 해당되면 경병(經病),
     3~4개는 중병(中病), 5개 이상이면 중병(重病)이다.

◈ 오분도의 효능

오분도는 건강 유지에 최고로 유익한 식물성 단백질, 지방, 당분이 풍부하며 혈액을 잘 통하게 한다.

1. 현미의 배아(胚芽)는 양질의 비타민 군과 칼슘(Ca – 뼈를 만들며 혈액을 정화시켜 체액을 알칼리성으로 만들어 신경을 안정시킴)과 철(Fe – 적혈구 구성을 도움)과 마그네슘(Mg – 뼈세포 강화, 심장병 신경 안정 작용을 함) 등의 미네랄(광물질)을 함유하고 있다.
2. 현미는 섬유질을 함유하여 성인병(成人病)을 예방하며 영양분의 흡수를 조절하고 배변(排便)을 돕는다.
3. 현미의 배아(胚芽)는 피틴산을 함유하고 있어 이것이 농약과 결합하여 불용성 물질로 만들어 잔존 농약의 해독을 없앤다.
4. 베타시스데를(항암 물질), 휘찬산(해독 물질), 비타민E, 감마오리자놀(신경 안정 물질)을 함유하고 있다.
5. 혈류 개선(안색을 좋게 함), 신진대사 촉진(젊음 유지)을 한다.
   • 현미식 – 많이 씹어야 됨
     치아가 튼튼해짐 · 기억력 증진 · 치매 예방 · 소화가 잘됨

◈ 미역의 성분과 효능
1. 카로틴(프로비타민A) – 회춘(回春) 기능, 피부암 억제
2. 비타민 B6 – 당뇨병을 개선함
3. 요오드(I) – 갑상선(甲狀腺) 호르몬 생성을 촉진
   기초대사와 체열을 조절, 젊음을 회복시켜줌
4. 쿠코이딘 – 혈액 응고를 막아줌, 혈압 강화 기능
5. 섬유질 – 발암 물질과 결합하여 체외로 배설, 변비를 예방
6. 칼슘(Ca) – 성인병의 고혈압, 골연화증 예방
7. 산성 다당류(알긴산, 푸코이단, 점액질(粘液質) 함유)
8. 푸코스테롤 – 노현전 예방, 심근경색 예방

9. 알긴산 – 혈압을 낮춤

10. 저칼로리 – 다이어트에 특효

◈ 콩(大豆, 콩나물, 두부, 된장)의 효능

최고의 영양제, 양질의 단백질, 지방, 탄수화물 함유

1. 핵산(核酸) 함유 – 젊어지는 물질

2. 비타민B, E 함유 – 몸의 노폐물 산화 방지, 감기 예방

3. 칼슘(Ca) 함유 – 심장병, 고혈압, 신장, 결석증 예방

4. 칼륨(K), 마그네슘(Mg) 함유 – 신경계통병 예방

5. 나이신(니코틴산 – V, B5) 함유 – 편두통, 협심증의 혈관 확장제, 콜레스테롤 저하

6. 판토테산(V, B5) 함유 – 위장 장애, 피부병, 부신피질 장애, 면역 결핍에 유효

7. 엽산(葉酸) 함유 – 악성 빈혈, 위장 장애에 유효

8. 지방산 에떼르 함유 – 항암 작용(된장)

  ☞ 콩은 당뇨병, 각기, 비만증, 황달, 간 경화증 등에 좋은 식품이다.

◈ 마늘의 효능

1. 알리신 함유 – 향균 작용

2. 옥소아미딘 함유 – 강장, 강정 작용

3. 코루지닌 효소 함유 – 성적 능력을 증가시킴

4. 항암 작용, 켈마늄 함유, 전립선 질환 예방에 유효

5. 혈액 중의 중성지방을 증가하게 하고 콜레스테롤 수치를 현저히 내려줌

   – 동맥경화증, 혈전의 예방과 치료에 유효

6. 청폐 작용 – 거담, 진해

7. 신진 대사와 혈류 개선에 기여하며 신경통, 류마티스에 유효

8. 구충작용

9. 은보작용

10. 치매 예방

◇ 양파

약 5000년부터 재배(중국의 약품 미라 제도)했다. 이집트는 BC 3500년, 인도는 BC 500년부터이다. 맛은 달고 성은 평하고, 세계 장수식품이다.

이름의 유래

둥근 파, 양총이라고 불린다. 매운 성질과 단맛의 성질을 갖고 있다. 이집트에서 피라미드를 건설하는 노역자들에게 양파를 공급해 피로 회복과 원기를 도왔다고 전해져 온다.

영양 성분

양파는 채소류에 속한다. 채소이면서도 향이나 단맛을 증가시키려 할 때 향미를 내기 위해 조미료처럼 사용하기도 하고 살균 작용도 있어 날 것으로도 먹고, 익히고 볶고 튀겨서까지도 먹는 식품이다. 규칙적인 채소나 과일 섭취를 통해 얻을 수 있는 장점 중에 하나가 암의 발생이나 진행을 막는 식물성 생리활성물질(Phytochemical)을 같이 섭취할 수 있다는 것인데 양파에 들어있는 물질로는 플라노이드, 프락토 올리고당, 아릴설파이드 등이 있다.

약효

청열 화담 – 열을 내리고 불순물을 없앤다.

• 혈종지방과 당뇨수치를 내린다.

- 고혈압 환자의 중풍을 예방한다.
- 비 · 위장 비대를 예방한다.
- 감기를 예방하고 해독, 살충한다.

위기하기 – 위를 다스려 기를 내린다.
- 변비, 불면증, 골다공증을 예방한다.

피부궤양 – 부스럼을 치료한다.
- 당뇨 – 볶거나 차갑게 무쳐 즙을 내어 복용한다.

◈ 호두

이름의 유래

호두의 원래 이름은 호도이다. 중국에서 건너 온 복숭아 모양의 열매라고 하여 붙여진 이름으로 표기법에 따라 호도가 호두로 바뀌었다. 호두는 고속도로 휴게소에 들를 때 먹었던 것으로 기억하는 사람들이 많을 것이다. 천안 지역의 유명 상품으로 알려져 있다.

영양 성분

호두는 단백질과 비타민이 풍부하다. 지방 함유량도 높은 편이어서 과잉 섭취하면 위장의 소화 흡수 능력이 떨어지고 칼로리 섭취가 높아져 주의해야 한다. 그러나 지방의 대부분이 불포화지방산이어서 적정량을 섭취하면 뇌의 노화를 지연시키며 기억력 증진 효과가 있고 집중력 향상에 좋은 식품이다. 미국 심장협회에서 제공하는 일반인을 위한 식사 지침에 따르면 이상적인 혈액 콜레스테롤 수준을 유지하기 위해서는 포화지방과 콜레스테롤이 많은 음식을 제한하고 채소류, 두류, 견과류(호두, 땅콩, 잣) 등의 불포화지방으로 대체하라고 권하고 있다.

◈ 당근

당근은 홍당무라고도 한다. 일본에서는 닌징이라 하는데 인삼처럼 몸에 좋다는 뜻에서 비롯됐다. 미나리과에 속한다. 예로부터 기운을 돋워주는 채소로 알려져 있다. 원산지는 아프가니스탄 북부로 추정된다. 우리나라에는 당나라에서 도입되었기 때문에 당근이라 불렀다. 영어의 캐럿(Carrot)은 카로틴에서 붙인 이름이라 할 만큼 카로틴이 풍부한 채소이다. 미국에서는 슈퍼마켓에 암 예방 전용 코너를 설치해 두고 암 예방 식이요법 프로그램을 실시하고 있는데 당근은 암 예방 식품 중 가장 중요한 식품으로 자리매김하고 있다.

약효

한방에서는 당근이 비장을 보호하고 건위 · 소화 작용을 돕는 것으로 보아, 예로부터 기를 보충하고 오장을 안정시키며 식욕을 촉진하고 인체의 하부를 따뜻하게 하는 데 사용되었다. 또한 당근은 호흡을 순조롭게 하고 심장을 튼튼하게 한다. 위장, 폐를 건강하게 해주므로 성인병, 소화불량, 허약 체질 등에 상용하도록 적극 권장하고 있다.

약용

체내에서 비타민A로 변하는 베타카로틴(B-Carotene)은 췌장암이나 폐암 등 흡연과 관련된 암의 발생 위험을 낮춘다고 알려져 있다. 또한 최근에는 지질의 산화를 억제하여 동맥경화를 예방하거나 혈당치를 조절하고 혈압을 낮추는 작용이 있다는 사실도 밝혀지고 있다.

◈ 눈물 건강학

슬플 땐 울어라! 그래야 오래 산다

1997년 8월, 영국 다이애나 황태자비가 불의의 교통사고로 사망하자 영국 국민들은 비탄에 빠져 눈물을 흘리며 그의 죽음을 애도했다.

이상하게도 그후 한동안 영국의 정신병원과 심리상담소에 우울증 환자 방문이 절반으로 줄었다. 정신과 의사들은 다이애나의 장례식 때 실컷 울고 카타르시스를 느꼈기 때문이라고 분석하고, 이를 '다이애나 효과'라고 불렀다.

웃는 것이 건강에 좋다고 해서 억지로 웃게 만드는 '웃음 치료'가 각광 받고 있지만 잘 우는 것도 웃는 것만큼 건강에 도움이 된다. 웃음이 면역력을 높여 주는 것처럼 울음 역시 스트레스를 해소시켜 몸과 마음을 건강하게 해 주기 때문이다. 눈물을 '신이 인간에게 준 치유의 물'이라고 말하는 의사들도 있다.

슬플 때 울지 않으면, 다른 장기가 대신 운다

영국의 저명한 정신과 의사 헨리 모슬리 경이 남긴 말이다. 슬플 때 울 수 있는 사람이 병에 덜 걸린다는 사실은 임상에서도 증명되고 있다. 미국 피츠버그대 연구팀이 건강한 사람과 위궤양이 있는 남녀 137명을 나눠 조사했더니 위궤양 환자보다 건강한 사람들이 우는 것에 대해 더 긍정적으로 생각하고, 필요한 경우 더 잘 우는 것으로 나타났다. 슬퍼도 울음을 참는 사람이 스트레스와 밀접한 관계가 있는 위궤양에 걸릴 위험이 높다는 것이다. 동맥경화증 환자를 대상으로 한 연구에서도 눈물을 흘리지 않고 우는 사람보다 소리를 내서 "엉~엉~" 우는 사람의 심장마비 발병률이 더 낮은 것으로 나타났다. 중증 류머티즘 환자들을 대상으로 한 연구에서는 울고 난 다음엔 스트레스 호르몬과 류머티즘을 악화시키는 물질인 '이너루킨-6'의 수치가 떨어졌다는 것이 발견되었다.

한편 눈물을 통해 스트레스 물질도 배출된다. 슬픈 영화를 볼 때와 양파를 썰 때 눈이 매워 나오는 눈물을 비교한 실험에서 '영화 눈물'은 '양파 눈물'보다 스트레스 호르몬인 카테콜아민이 더 많이 함유된 것으로 나타났다. 카테콜아민은 혈관을 수축시켜 심혈관에 부담을 준다. 즉, 눈물이 스트레스 호르몬의 균형을 잡아주는 것이다.

◇ 소금을 줄여라

우리를 위협하는 소금

소금은 체내에 흡수되면 나트륨과 염소 이온으로 분리된 후 여러 가지 생리적 기능을 담당하게 된다. 과잉된 소금은 신장에서 소변을 통해 배설되는데 신장이 배설할 수 있는 적정량 이상의 소금을 섭취하면 혈중 나트륨 농도가 증가하고, 따라서 삼투압 현상에 의해 혈액량이 증가한다. 심장은 이렇게 증가된 혈액을 순환시키기 위해 무리하게 되고 혈압이 증가해 고혈압이 생긴다.

짭짤한 맛의 포화 시대

의외로 많은 한국인들이 짠맛에 중독되어 있다. 우리가 매일 먹는 국이나 찌개, 김치 등에 모두 소금이 많이 들어가 있기 때문이다. 소금뿐 아니라 합성 조미료도 소금의 일종으로 봐야 하는데 MSG는 글루타메이트의 변형체로 글루타메이트 분자에 나트륨이 첨가된 것이다. 그래서 우리가 무심코 먹는 음식에는 짠맛이 없어도 합성 조미료가 들어 있는 것이 대부분이므로 일일 나트륨 섭취량이 권장량의 몇 배씩 되는 것이다.

소금만 줄여도 내 몸이 변한다

저염식단을 실천하려면 채소와 과일, 밥처럼 소금기가 없는 음식 위주로 먹고 빵, 피자 등 나트륨이 든 음식은 피하는 것이 좋다. 영국과 프랑스의 경우 대대적으로 나트륨 줄이기 운동을 펼쳤고 지난 5년간 그 효과로 연간 6,000명 이상의 생명이 목숨을 유지했다. 소금의 섭취를 줄이면 일단 몸의 붓기가 빠지고 혈압이 내려간다. 고혈압과

뇌졸중뿐 아니라 신장결석과 골다공증의 위험이 낮아진다. 꼭 간간하고 짜야 맛있는 건 아니다. 또 싱겁게 먹어야만 건강에 좋은 것도 아니다. 건강한 저염식단을 위해서는 소금의 양 자체도 중요하지만 소금의 질도 중요하다. 소금의 양을 조금만 줄여도 건강을 유지하고 살을 뺄 수 있다. 식단이 바뀌면 몸도 바뀐다.

◈ '유방암·치매 예방 만능 식품' 카레

카레를 자주 먹으면 유방암 예방 효과가 있다는 연구 결과가 나왔다. 카레의 주성분인 커큐민과 함께 커큐민을 체내에서 흡수가 잘되도록 나노입자 형태로 변형한 '나노커큐민'을 유방암에 걸린 실험 쥐의 유관에 주입한 결과, 탁월한 유방암 예방 효과를 보였다고 밝혀졌다. 향신료인 커큐민은 산화적인 스트레스와 염증에 관련된 질병의 치료에 사용되어 왔다. 외국에서도 카레의 항암 효과에 대한 비밀이 속속 소개되고 있다. 카레의 주원료인 강황에 들어있는 커큐민과 여러 가지 향신료에 든 성분이 항암·항산화 효과를 보이고 치매 예방에도 도움을 준다. 또 카레는 암 예방 외에도 식용 증진, 면역력 증가 등의 효과를 지닌 것으로 알려져 있다.

◈ 암 극복의 지혜 10가지

1. 암을 친구로 대하라 – 싸운다고 물러나지 않는다.
2. 암 박사가 돼라 – 어설픈 정보를 따라가다가 낭패 보기 십상이다.
3. 헬스클럽 운동은 차라리 하지 말라 – 무리한 운동은 안 하느니보다 못하다.
4. 현대의학을 믿어라 – 지금 의학을 대체할 게 없다.
5. 항암 식품에 현혹되지 말라 – 즐거운 식사가 최고 보약이다.

6. 약 얘기에 귀를 막아라 – 의사의 지시에 따라 효과와 부작용이 밝혀진 것만 써라.
7. 의사를 잘 고르되 그를 믿어라 – 경험이 풍부하고 전문화된 의사가 좋다.
8. 초기 암으로 대학병원 찾지 말라 – 중소병원이 더 잘 보살핀다.
9. 냉장고를 비워라 – 신선한 것만 먹어야한다.
10. 짜게 먹지 말라 – 짠 음식은 금물이다.

◈ H Prescription의 비결

1. 육식보다 채식이 좋다.
2. 과음은 피하라.
3. 보행은 가장 쉬운 건강 유지 방법이다.
4. 욕심내기보다 덕을 베풀어라.
5. 옷은 얇게, 목욕은 자주 하라.
6. 번민은 피하고 잠을 충분히 자라.
7. 말은 적게 하고 행동으로 실천하라.
8. 짠 음식은 건강에 해롭다.
9. 과식을 피하고 잘 씹어 먹어야 한다.
10. 흥분은 건강에 해롭다.

◈ 늙지 않는 방법 10가지

1. 칼로리 섭취를 절반으로 줄인다.
2. 열을 가해 조리한 음식을 가능한 한 삼가고 단순한 재료를 단순하게 조리하여 적당량만 먹는다.
3. 물을 매일 2,000cc 정도 마신다.

– 사람다운 체형을 유지한다.

　식사 전 30분, 식후 2시간에 마신다.

– 취침 전, 취침 후에 꼭 마신다.

4. 매일 30분 정도 걷는다.

– 다리는 제2의 심장이라고 한다. 노화는 다리로부터 온다.

– 시선은 15도 상단을 보고 걷는다.

– 땅을 보고 걸으면 다리가 벌어진다.

5. 호흡을 깊게, 서서히, 고요히 한다.

6. 무리한 운동을 하지 않는다.

– 과도한 운동은 수명을 단축시킨다.

– 무리한 유산소 운동은 활성산소를 발생시켜 세포에 악영향을 끼친다.

7. 즐겁게 살며 보람을 갖는다.

– 자주 그리고 많이 웃는다.

– 현명한 이에게 존경받고 아이들에게 사랑받는다.

– 정직한 비평가의 찬사를 듣고, 친구의 배반을 참아낸다.

– 아름다움을 식별하고 타인에게서 최선을 발견한다.

– 자기가 태어나기 전보다 세상을 조금이라도 더 살기 좋은 곳으로 만들어 놓고 떠난다.

– 자신이 한때 이곳에 살았으므로 단 한 사람이라도 행복해지는 것이 진정한 성공이다.

8. 항상 타인과 사귄다.

– 사람은 사회적인 동물이다. 타인과 적극적으로 관계를 맺는 것은 다양한 자극이 되어 생명력을 높인다.

– 적당한 성관계도 효과적인 불로술(不老術)이다.

9. 적당한 취미 생활을 한다.
  - 몸이 둔하여 움직이기 싫지만 등산, 산책 등 가벼운 운동을 생활화하여 유연성을 키운다.
  - 두뇌 활동을 많이 하게 되어 치매 예방에 도움되는 독서, PC 작업, 두뇌 스포츠인 바둑, 당구 등을 많이 한다.
10. 자신에게 맞는 약제를 구입 · 복용한다.
  - 불노환 약초와 식초를 먹으면 건망증과 혈액이 막히는 증세를 예방할 수 있다.

◈ 한약학에서 말하는 건강 습관

1. 소육다채 : 고기를 적게 먹고 야채를 많이 먹어라.
2. 소당다과 : 사탕을 적게 먹고, 과일을 많이 먹어라.
3. 소식다작 : 음식은 적게 먹고, 많이 씹어라.
4. 소염다초 : 소금은 적게 먹고, 식초를 많이 먹어라.
5. 소의다욕 : 옷은 적게 입고, 목욕을 많이 하라.
6. 소번다민 : 번민은 적게 하고, 행동은 많이 하라.
7. 소언다행 : 말은 적게 하고, 행동은 많이 하라.
8. 소욕다시 : 욕심을 적게 내고, 많은 것을 베풀어라.
9. 소노다소 : 화를 적게 내고, 많이 웃어라.
10. 소차다보 : 차를 적게 타고, 많이 걸어라.

H - D

1. 왜 사냐고 생각하기보다는 어떻게 살 것인가를 생각하고 어디쯤 왔을까, 어디로 갈 것인가를 생각하는, 하루하루를 희망과 진실로 엮어 가는 아름다운 영혼이어야 한다.
2. 미운 사람, 고운 사람 할 것 없이 우리는 모두 한 기차를 타고 현재에서 미래로 여행하는 여행객이다.
3. 고통의 날은 결코 영원하지 않다.
4. 대개 인간의 생활에서 가르치고 깨닫게 하는 일이 별스런 것도 아니다.
5. 귀한 자리에 있을 때는 가난함의 고통을 알아야 하고, 젊고 건강할 때에는 모름지기 노쇠함의 고달픔을 생각해야 한다.
6. 예술이 넘치면 타인에 영향을 감동하는 것 종교로 귀의한 카오스는 한계범위에 검은 구름이 준비된 후 거의 빗방울의 자연은 과학으로 설명된다. 그러므로 본능적 증명의 원리가 자연과 인간의 의지로 자연적·본래적 질서 회귀의 과정에 웃무형의 과학이 과거 현재 미래를 맞추며 전개해 가는 학문으로 사용되었고 공공의 패턴이 약사와 지형으로 데이터 역할을 했다. 그러기에 진화의 가치는 사람의 신체적 외형적 진화거론 입증 불가하기에 주라 되어 설제적 반대이론을 더 분명하게 하는 좋은 도구였다. 사람의 습관과 마음과 생각도 동일한 패턴 이것은 상대발견

이다.

7. 인생의 복과 화는 모두 마음에서 이루어진다.

8. 미래란 현재를 충실하게 만드는 것이다.

9. 당신이 바라본 당신이 바로 미래의 당신이다.

10. 매일매일을 이 세상 끝 날을 사는 것처럼 살고 싶다.

11. 인생이란 허상의 모습을 쫓는 것보다는 더욱 큰 의미를 지니고 있다. 환희와 고통, 행복과 불행을 직시하되 그것에 좌우되지 않는 삶을 살아라.

12. 사랑은 속박이다. 속박당하는 만큼 기쁨을 얻는 유쾌한 자학이다. 그러나 사랑은 자유로움이기도 하다. 복종의 미학을 잉태한 자유로움 말이다.

13. 변함없이 사랑한다는 것은 참으로 어려운 일이다. 그러나 영원히 사랑하지 않기는 더욱 어려운 일이다.

14. 우리 인생의 온갖 장면은 거친 모자이크 그림과 같아 가까이 있으면 아무런 인상도 주지 않는다. 따라서 제대로 아름다움을 알려면 떨어져 있어야만 한다.

15. 까닭 모를 외로움에 휩싸일 때, 외로움을 직시할 필요는 없다. 단지 스쳐 지나는 미풍을 대하듯 부드럽게 지나치면 된다.

16. 사랑은 보이지 않는 세계이다. 이 편의 반대쪽에 숨겨진 장점을 보는 힘이다.

17. 가장 일반적인 의미에서의 사랑이라는 것은 우리들이 고귀하게 여기는 것에 대해 나타나는 감정의 반응이다. 그렇기 때문에 그 것은 가까이 있다는 기쁨이며, 서로 작용하거나 연결되는 기쁨이며, 사랑하는 대상이 존재한다는 기쁨의 경험이다. 그 존재가 같이 있음으로 해서 즐겁게 되고 그 존재와의 접촉을 통해 만족

감과 충일감을 느끼게 되는 현상인 것이다. 따라서 우리들은 사랑하는 대상이 중요하고도 모든 것의 원천임을 경험한다. 하지만 사랑은 감정에서 그치는 것이 아니라 판단이나 가치의 평가, 행동하려는 어떤 방법의 감정적인 경향이기도 하다. 사랑은 나를 위한, 나에게 좋은, 내 인생에 보탬이 되는 것이며, 사랑하는 어떤 사람의 인간성을 통해 우리들은 사람들이 알고 있고 경험하고 있는 삶에 가장 적절하다고 느끼는 많은 특성과 기질들을 놀랄 만큼 높을 정도로 보게 된다. 따라서 우리 자신의 행복과 삶에 있어서 가장 훌륭한 대상으로 갈구한다. 보다 근본적인 의미에서 우리들은 사랑을 순간순간 달라지는 어떤 감정이나 기분의 변화보다도 훨씬 영구적이고 지속적인, 사랑하는 대상에 대한 심리 상태나 자세라고 할 방향 설정이라고 설명할 수도 있을 것이다. 방향 설정으로서의 사랑은 굉장히 중요한 개인적인 가치관의 실현이라는 형태로 사랑하는 상대를 경험하려는 성향을 나타내고, 그 결과는 기쁨의 현실적이거나 잠재적인 원천이 된다.

18. 나의 생각과 다를 수 있다는 것이 기준이어야 하며, 지고 양보하는 원리를 당연하고 자연스럽게 여겨야 한다.

19. 두 개의 좋아 보이는 일이라도 겹치는 것이 분명해야 벽에 부딪힌 것 같거나 무례의 경지에서는 새 방향도 기다린다는 것

20. 오래 엎드려 있는 새는 반드시 높이 날고, 먼저 피는 꽃은 지는 것도 역시 빠르다.

21. 한번 시작했으면 끝을 보아야 하지만 올바른 일이 아닐 때는 중단할 줄 아는 현명함도 지녀야 한다.

22. 농도가 짙은 술과 기름진 고기나 맵고 단 음식은 진미가 아니며

진미는 오직 담담할 뿐이다.

23. 파란 불이 켜질 땐 가라고, 빨간 불이 켜질 땐 멈추라고, 그럼 알록달록한 불이 켜질 땐 한걸음쯤 뒤로 물러나 신호가 제정신을 찾을 때까지 잠잠히 기다리는 것이다.

24. 현명함이란 비관적이지도 않고 낙관적이지도 않은, 있는 그대로의 현실을 보고 그대로 행하는 것이다.

25. 낮은 곳에 살아 본 후라야 높은 곳에 올라가는 것이 위태로운 줄 알게 되고, 어두운 곳에 있어 본 뒤라야 밝은 빛이 눈부신 줄 알게 된다.

26. 입은 곧 마음의 문이다. 뜻은 곧 마음의 발이다.

27. 재앙이란 은총 속에서 발생하는 법이니, 기뻐하며 만족했을 때 방심하지 말고 주위를 살펴 보아야 한다.

28. 실패할지도 모른다고 해서 새로운 생각을 꺾어서는 안 된다.

29. 당신의 문제가 당신에게 무엇을 해 줄 것인지는 오직 당신만이 결정할 수 있다.

30. 성공이 확실하다고 해서 새로운 생각을 꺾어서는 안된다.

31. 길은 해 보는 수밖에 없다는 사실, 그것이야말로 틀림없는 교훈이다.

32. 모든 창시자는 승리자이다.

33. 바로 지금이 행할 바로 그 시간이다.

34. 가장 어려울 때 더욱 박차를 가하라.

35. 비상이냐, 추락이냐, 그것은 무력한 의식의 지시를 따를 것이 아니라 굳은 의지로서 결정해야 할 문제이다.

36. 무엇인가 보람된 일을 하기 위한 것이라면 완전한 실패는 어느 누구에게도 결코 있을 수 없다.

37. 과감하게 시도한다면 완전한 실패는 있을 수 없다.

38. 절망의 벽을 만났을 때는 모든 가능한 것들을 시험해 보라.

39. 미지의 황야에 발을 내딛는 것은 스스로를 잃어버리기 위해서
가 아니라 스스로를 찾기 위함이다.

40. 묵묵히 기다리며 일하라. 결과는 반드시 보답할 것이다.

41. 이루어진 것은 반드시 파괴된다는 것을 알게 되면 이루어지기
를 바라는 마음이 지나치게 굳지 않을 것이며, 삶이란 반드시
죽는다는 것을 알면 삶을 보전하는 길에 과로하지 않을 것이다.

42. 한 쪽만 믿어서 간사한 자에게 속는 바가 되지 말고, 자신의 힘
만 믿어 객기를 부리는 바가 되지 말며, 자신의 장점으로 남의
단점을 드러내지 말며, 자신의 졸렬함으로 남의 유능함을 시기
하지 말아야 한다.

43. 길고 짧음은 생각에 달려있고 넓고 좁음은 한치 마음에 달려있
다.

44. 벼는 익을수록 머리를 숙인다.

45. 출발, 그 원대하고 긴 여정은 자신으로부터 시작된다.

46. 인생에서 가장 큰 위험은 아무것도 모험하지 않는 것이다. 어떤
모험도 하지 않는 사람은 아무것도 하지 못하고 아무것도 갖지
못하며 어떠한 것도 이루지 못한다.

47. 모험을 무릅쓰는 사람만이 자유를 누릴 수 있다.

48. 오늘의 결정은 내일의 현실이다.

49. 공평하고 정당한 의견에 대해서는 손을 대지 말라.

50. 행복과 자유는 없나 스스로의 결단에 의해 얻어진다.

51. 좋은 약은 입에는 쓰지만 봄에는 이롭고, 충고하는 말은 귀에는
거슬리지만 행실에는 이롭다.

52. 사람의 본성은 약초가 아니면 잡초가 된다. 그러므로 약초라면 충분히 물을 줄 일이요, 잡초라면 뽑아 버릴 일이다.

53. 자신을 반성하는 사람은 저촉하는 일마다 모두 약이 되고 남을 원망하는 사람은 생각하는 것마다 모두 창과 칼이 된다.

54. 닫힌 마음을 열 수 있는 열쇠는 오직 자신만이 지니고 있다.

55. 역경과 곤궁은 단련시키는 한 쌍의 화로와 망치이다.

56. 영혼의 눈은 외눈이다.

57. 현재와 아울러 미래를 생각하는 인간이 현재만을 생각하는 인간보다 의지가 강하다고 할 수 있겠다. 미래의식은 다른 동물에게는 없는 인간 특유의 것이다. 또한 다른 동물은 환경에 자기를 적응시킬 뿐 자기가 환경에 작용을 가하게 하는 일은 없다. 인간만이 자기 힘으로 환경을 바꿔 나간다. 그렇게 보면 가장 인간적인 행위는 미래를 단순히 예측할 뿐만 아니라 미래를 만드는 것이다. 미래를 상실하면 현재는 공허한 것이 되어 버린다. 미래를 상실한 현재는 목표를 잃은 행위와 마찬가지이다. 트럼프 게임은 1회 1회 끝내기보다 득점표를 만들어 거기에 1회마다의 점수를 기입하여 나타내는 편이 같은 1회의 게임을 보다 충실하게 만든다. 우리는 미래를 상실해서는 안 된다. 만일 미래가 부여되지 않는다면 스스로 미래를 만들어 봐야 할 것이다. 부여된 미래가 아니라 자기 자신의 미래를, 자기 자신에게 적합하며 자기 자신의 땀과 눈물이 들어간 미래를 스스로 생각할 것이다.

58. 결실은 우연찮은 충동에 의해 이루어진다.

59. 삶과 자유와 사유는 삼위일체이다.

60. 결코 문제를 구실로 삼아서는 안된다. 모든 문제에는 긍정적인

대응책과 부정적인 대응책이 있기 마련이기 때문이다.

61. 남을 믿는 사람은 남이 반드시 성실한 것이 아니라 자기가 곧 성실하기 때문이며, 남을 의심하는 사람은 남이 반드시 속여서가 아니라 자기가 곧 먼저 속이기 때문인 것을 알아야 한다.

62. 철없는 맹세는 아름답다. 하지만 아름다움은 어제나 쉬이 빛이 바래기 때문에 갈고닦는 노력이 더 중요함을 잊어서는 안된다.

63. 끝남은 곧 다시 시작이다.

64. 현재는 또다시 있을 수 없다. 오늘에 충실해야 한다.

65. 자아탈피 – 그것이 곧 아름다움이다.

Result

오늘날 Issue TREND, 창조와 융합 그리고 Design 시대

외향 중심의 Content로 발전하면서 반대급부의 그 Output의 주역인 人內에 대한 발전은 주로 종교가 책임과 의무 및 Life Management 전담, 전문용역으로 전락 아닌 전락을 한 바 오래인 듯하다.

심리학은 프로이드와 그의 추종학자 및 약간의 이견을 가진 그의 제자 칼융 등의 몇몇 고전 학자와, Anna Freud Kernberg, Kohur의 자기심리학, Fonagy의 정신화이론, Greenberg 등 현대학자에 이르기까지 한계를 넓히기 어려운 학문으로 전수되어 왔다. 그것은 폭증하는 피상담고객을 충족시키기에는 역부족임을 부인할 수 없다.

그러나 전통적인 학과에 의존한 결과인 것도 한 원인이라 하겠다. 여기에 이 이론이 전환점이 되리라 생각한다. 왜냐하면 찾아낸 원인에서 자연스러운 답을 스스로 도출해내기 때문이다.

Hv Input·Output의 실제 적용 사례

Invitation 불가(不可)

		Sn		C		D		M	
1	충성도	−5a	−15	−5a	−7.5	−4a	−16	−3a	−10.5
2	인격	−3a	−9	−5a	−7.5	−4a	−16	−3a	−10.5
3	협력심	−4a	−12	−5a	−7.5	−4a	−16	−3a	−10.5
4	희생정신	−4a	−12	−5a	−7.5	−5a	−20	−3a	−10.5
5	정돈성과 문장력	3b	−	4b	8	5b	20	3b	10.5
6	추진성	4b	12	4b	8	5b	20	4b	14
7	이해도	4b	12	4b	8	4b	16	4b	14
8	리더쉽	4b	12	4b	8	4b	16	4b	14
9	차별성 추구	4b	12	5b	10	4b	16	4b	14
10	OnLine 기술 작동	5b	15	6b	12	4b	16	5b	17.5

☞ 314−188=126 | 126×½=63 초청 不 Yes

이면 우성 Prescription

		Sn		C					
1	매너	−6a	−9	−7a	−28				
2	잠재의식	−6a	−9	−7a	−28				
3	비교만족	−6a	−9	−7a	−28				
4	감정	−6a	−9	−6a	−24				
5	극복허용	5b	7.5	6b	24				
6	노력성	5b	7.5	5b	20				
7	절약성	4b	6	5b	20				
8	섭외성	4b	6	5b	20				
9	취미몰입도	6b	9	6b	24				
10	계획성	5b	7.5	6b	24				

☞ a: −36−108=−144 | 43.5+132=175.5

기회주의자(Partnership 부적격)

		Sn		C		D		M		
1	지루함	5a	−16	4a	−6	5a	−20	5a	−17.5	
2	두려움	6a	−18	5a	−7.5	6a	−24	5a	−17.5	
3	불신	5a	−15	4a	−6	7a	−28	5a	−17.5	
4	부정확성	4a	−8	5a	−7.5	6a	−24	6a	−21	
5	어려움	6a	−18	6a	−9	6a	−24	6a	−21	
6	명료성	5b	15	5b	10	7b	28	6b	21	
7	대안수립	5b	15	6b	12	6b	24	5b	17.5	
8	시간효율성	6b	18	6b	12	6b	24	5b	17.5	
9	누림성	6b	18	6b	12	6b	24	6b	21	
10	위기탈출	5b	15	6b	12	6b	20	6b	21	

☞ 397−328.5=68.5 Yes

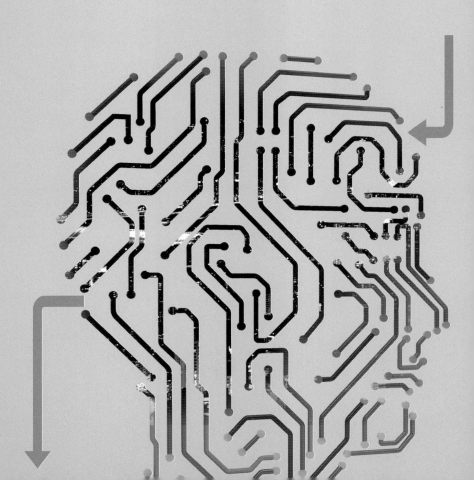

Game of AI Psychology Guid

5장 실제 적용 분야

가족치료와 분야별 테라피
(Family and Sectional Therapy)

1. 가족치료의 필요성

* 가정에 대한 심리학적 접근, 실천적 접근에서 알 수 있는 것은 가정이 하나의 몸과 같다는 것이다.

몸적 구조 : ***몸에 대해 강조하여 설명

결국 가정이 잘 되기 위해서는 가정이라는 몸이 건강해야 한다.

역기능적이고 파괴적인 가족관계 안에서는 양질의 양육이 제대로 이루어질 수 없다.

양육 이전에 치료와 회복이 필요하다.

조화롭고 성숙한 가족 관계를 이루기 위한 방안이 마련되어야 한다.

2. 가족치료의 기본 입장(Systems Theory)

* 가족체계의 특징(유기체 체계로서의 가족의 특성)

1. 가족은 하나의 유기체로서 전체성을 이루려고 한다. 따라서 가족 구성원에 대해 이해하려면 그 가족을 전체적 맥락에서 이해하여야 한다. 가족은 합산적 합성체(1+1=2)가 아니며 구성적 합

성체(1+1=3)이다.

2. 가족은 하나의 역동적인 체계이다. 가족은 유기체로서 각 구성원의 발달과정으로 인하여 끊임없이 변화한다.

3. 가족은 체계로서 구성요인들끼리 서로 상호작용을 한다.

4. 가족은 순환적 체계이다. 한 구성원의 행동은 다른 구성원에게 영향을 끼치고 또 영향의 파장이 겹치고, 충돌하고, 증폭하여 다른 구성원들의 행동에 영향을 미쳐서 일정한 행동의 흐름을 만들고 맥락을 형성한다.

5. 가족은 유기체적 체계로서 항상성을 유지하려 한다.

한 가족의 정체성은 구성원들의 상호 작용 방식에 의해 만들어진다. 가족이 살아있는 체계로서 일정한 시간이 흐르면 그 가족만의 형태와 구조를 가진다. 이렇게 만들어진 형태와 구조는 다시 구성원들의 행동을 일정한 방식으로 행동하게 하여 체계를 이루게 된다. 이 체계는 순환성의 원리에 의해 통제, 조절, 유지된다. 일정한 상태에 대한 통제조절 유지(사이버네틱 통제)작용에 따라 가족은 유지된다. 가족은 안정된 상태로 되돌아가려는 경향이 있다. 가족에 어떤 행동이 가해지면 가족은 체계의 항상성을 이루고자 반응행동을 따른다.

6. 가족체계 내에는 규칙들이 따른다.

모든 가족은 하나의 체계로서 체계를 움직일 수 있는 규칙들을 가지고 있다. 이러한 가족의 규칙이 그 집안 식구들의 행동양식을 결정짓게 된다. 또한 이러한 규칙이 있게 되면 어떤 가족들은 행동반경의 폭을 단지 이것에만 국한시켜 반복하는 경우가 많게 된다 (Redundancy Principle). 이러한 규칙이 좋지 않을 때에도 지속하고자 하는 경향이 크다.

7. 가족체계는 환류 고리와 사이버네틱스 원리에 따라 상호 작용한다. 체계는 구성요소들을 생성하고 또 파괴하면서 평형상태에 이른다. 조직이 평형상태에 이르기 위해서는 환류 고리(Feedback Loop)가 있어야 한다. 이는 체계가 생존하기 위해서 지속적으로 변화에 대한 평가를 하고, 이러한 변화를 받아들여 새로운 체계를 형성함으로써 좀 더 잘 생존할 수 있도록 성장하는 과정이다.
8. 가족은 열린 혹은 닫힌 체계일 수 있다. 가족은 적절한 개방성이 있어야 한다.
9. 가족체계에는 조직과 구조가 있다.
10. 가족은 상위체계와 많은 하위체계가 있다. 구성원과 구성원 사이, 하위체계와 하위체계 사이, 가족과 가족 사이에는 경계선이 있다. 세대 간에도 경계선이 있다.
11. 가족체계는 기능을 수행한다. 따라서 가족 구성원들의 모든 행동은 기능을 가지고 있다.
12. 가족 구성원들에게는 역할들이 있다.
13. 가족은 그들만의 가치관 및 세계관을 공유하고 있다.

가족치료는 1950년대에 발생

문제를 겪고 있는 내담자 한 명만을 상담하는 것보다는 내담자의 문제성 있는 가정을 상담하는 것이 더 효과적일 것이라는 판단 아래 연구되었다. 물론 내담자 한 사람만을 상담하는 기존의 분석적인 상담 분야에서 심한 반발을 얻기도 하였다. 개인적인 문제를 대체로 가족이라는 사회적인 구조 안에서 발생하는 인간관계상의 문제로 본다.

가족치료의 주요 연구 내용 – 가족 구성원의 기대들/의사소통 유형들/가족 구성원사이의 힘의 구조와 역할들

철학적인 자세

기본적인 컨텍스트를 핵가족으로 본다.

가족을 역동적이면서도 규칙들의 지배를 받는 조직체로 여긴다.

철학적인 가정을 생물학에서 사용되는 시스템이론 Systems Theory로부터 얻어 왔다.

환원주의적이거나 원자론적인 입장을 거부하고 유기체적인 구조의 복합성을 더 선호하는 입장이며, 여기에서 환원주의와 원자론적인 입장이 무엇인지에 대해서 행동주의심리학을 빌려 설명한다.

시스템이란? : 시간대를 가로질러서 상호작용하는, 상호 연결되고 관련된 하나의 집단이다.

시스템의 특성

1. 총체성(wholeness) : 부분과 부분들의 관계성으로 이루어진 전체는 단순한 부분들의 합 이상이다.
2. 상호관계성(Interrelatedness) : 유기체의 모든 부분들은 서로 영향을 주고받는다.
3. 영역들(boundaries) : 다른 시스템들과의 사이에서 그리고 시스템의 하부 체계들 간의 경계선들이 있다. I-nsss와 We-ness 사이의 균형이 필요하다.
4. 살아있는 시스템들은 개방되거나 폐쇄되어 있다.
5. 시스템은 항상성(homeostasis)을 유지하려는 경향이 있다.
   * 결국 한 개인에게 있는 역기능적인 행동양식은 곧 그가 속한 가족 시스템에 문제가 있음을 시사한다 – 내 죄로소이다….

3. 원가족 치유의 원리

원가족 Family Origin : 성장 배경이 되는 가정. 부모세대의 가정

1) Therapy로 Care되는 개념(Earl Henselin, 1950)

암논의 근친상간과 압살롬의 복수(Bible사무엘하 13장)

역기능 가정과 순기능 가정은 위기가 생겼을 때 가족들의 반응을 보고 알 수 있다.

* 가족의 구성원들 모두 상처를 입었다. 가족원들 각자가 다 도움을 필요로 한다. 희생양이란 있을 수 없다.
* 우리 부모들은 그들이 알고 있는 한 최선을 다했다. 부모는 자신이 경험하지 못한 것을 자녀에게 해 줄 수 없다.
* 시간이 흐른다고 상처가 치유되지 않는다.
* 부모의 내면에 일어난 변화는 가족관계에서의 변화로 이어져야 한다. (권한 위임(Empowerment))

(소그룹 질문)

1. 역기능 가정 검사를 하고 우리 가정에서 역기능적인 부분과 순기능적인 부분은 무엇인지 나누어 보시오.
2. DABID의 가정에서 일어났던 가족들의 반응과 비교해 볼 때 우리 가정에서 일어나는 고통에 대해 나와 가족들 각자는 어떤 방식으로 반응해 왔는지 나누어 보시오(예 공격, 회피, 희생양 삼기, 비난, 탓, 밀착, 침묵…).

2) 역기능 가정 검사지

다음은 어릴 때 성장한 원가족에 대한 검사이다. 검사를 한 차례 실

시한 후 배우자의 원가족이나 현재 가정에 대해 한 번 더 답해보는
것도 좋다.

(거의 경험한 적이 없다 0/가끔 경험한 적이 있다 1/자주 경험한 적이 있다 2)

1. 문제가 있을 때 우리 가족은 그것에 대해 대화하기보다 고함을 지르거
나 소리를 지르는 방식으로 해결하려 했다.
2. 가족 구성원들은 서로에게 도움을 요청하기를 싫어했다.
3. 나의 부모님(두 분 또는 한 분)은 내게 사랑한다고 표현하지 않았다.
나는 단지 그분들이 나를 사랑하셨을 것이라고 기대할 뿐이었다.
4. 나는 어렸을 때 훈계 받는 방식에 대해 발언권이 없었다.
5. 훈계나 행동에 관한 규칙들은 전혀 존재하지 않았거나 자주 바뀌었다.
6. 우리 가족은 함께한다는 공동체 의식이 없이 제각기 따로따로 행동했다.
7. 우리 가족 중에는 침묵하거나 토라짐으로써 다른 식구들을 통제하거나
처벌하는 사람이 있었다.
8. 우리 집에서는 좀처럼 감정에 대해 말하지 않았다.
9. 우리는 어떤 일들을 가족 단위로 하지 않았다.
10. 나는 가족들에게 내 느낌을 표현할 수 없었다.
11. 우리는 서로에 대해 오해하고 있었으며 분명하게 의사소통할 수가 없
었다.
12. 식구들 간에 따뜻한 감정은 회피되거나 억제되었다.
13. 가족 구성원들은 서로에 대해 좋지 않은 감정을 가지고 있었다.
14. 가족들은 긴장해 있고 화가 나 있었기 때문에 나는 집에 들어가는 것
이 좋지 않았다.
15. 집에서의 훈계는 지나친 편이었다. 그리고 나는 다른 사람들보다 더
심하게 벌을 받는다고 느꼈다.

0-5 :

6-10 :

11-15 :

16-20 :

21-30 :

4. 동적 가족화(Kinetic Family Drawing)를 통한 가족 관계 진단

* KFD 시행 방법

1. 검사도구 : A4 용지, HB 연필, 지우개(연필화)
2. 검사의 지시

　　당신을 포함해서 당신의 현재 가족 모두가 무엇인가를 하고 있는 그림을 그려 보세요. 만화나 막대기 같은 사람이 아니고 완전한 사람을 그려 주세요. 무엇이든지 어떠한 행동을 하고 있는 것을 그려야 합니다. 당신 자신도 그리는 것을 잊어서는 안 됩니다.
3. 그림을 완성한 후 지시

　　다 그렸으면 그린 순서대로 각 사람의 밑에 번호를 쓰고 이름, 연령, 하고 있는 행동을 적으세요.

* KFD의 해석

1. 인물상의 특징과 임상적 의미

　　음영 윤곽선 신체부분의 생략/과장, 얼굴 표정, 의복의 장식, 경사진 인물, 정교한 묘사필압
2. 인물상의 행위(역할 유형)
3. 그림의 양식

　　구분포위, 인물하선/상부의 선, 그림 밑, 인물 밑의 선
4. 상징

　　공격성, 경쟁심, 애정, 따스함, 희망, 분노, 적개심, 힘의 과시, 우울감, 억울함
5. 인물상의 역동성

　　그린 순서, 크기, 위치 – 상, 하, 좌, 우

방향 – 정면, 측면. 뒷면 – 거리

외부인 삽입 – 생략

(소그룹 질문)

1. 동적 가족화의 분석을 통해 자각하게 된 현재 가족의 관계 역동은 무엇인가? 우리 가족에서 나타나는 문제가 무엇인지 그림을 보여 주면서 설명하시오.
2. 이러한 현재 가족 관계 역동은 어린 시절 원가족의 관계 역동과 어떤 유사점, 혹은 관련이 있는가?

* 다세대 전수 과정

1. 역기능 가족 규칙
2. 개인적 패턴의 발달
3. 생존기제 형성
4. 고착된 가족 역할 형성
5. 대처 방식의 적용/동반 의존적 자아(거짓 자아) 형성
6. 원가족 패턴의 답습
7. 가족 규칙의 전수

그동안 덮어 두었던 것을 자세히 살펴보기

역기능적 가족 패턴, 가족 규칙, 가족 비밀, 가족 신화

가족의 밝은 측면뿐만 아니라 어두운 측면을 자각해야 한다. 자각은 변화의 출발점이다.

* 인격 형성기 동안에 부모와의 관계 조사

- 당신은 아버지에게 다가가서 자신의 개인적인 문제를 나눌 수 있었는가?
- 아버지는 당신에게 신체적 애정표현을 많이 해 주었는가?
  어렸을 때뿐 아니라 십대가 되어서도 그렇게 해 주었는가?
- 아버지는 당신을 많이 격려해 주고 인정(세워주는 말)해 주었는가?
  성과를 거뒀을 때뿐만 아니라 단지 그의 아들/딸이라는 이유만으로 한 인격체로서 인정해 주었는가?
- 아버지는 당신의 학교생활, 학업에 관심이 많았는가?
- 아버지와 단 둘이서 시간을 보낸 특별한 순간이 많이 기억나는가?
  (영화관, 낚시 등)
- 가정에서 훈육은 어떻게 이루어졌는가? 훈육은 누가 했는가?
  어떤 식으로 훈육했는가? 과도하지는 않았는가? 거의 훈육이 없었는가?
  신체적 학대라고 부를 만하다고 느끼는가?
- 아버지는 당신을 언어적으로 많이 학대했는가?
  (깎아내리는 말, 비웃는 말, 고함, 소리치기 등)
- 어렸을 때 아버지(또는 다른 어느 누구든지)가 당신을 성적으로 학대했는가?
- 아버지는 당신에게 성교육을 시켰는가?(남자아이에게만 해당)
- 당신은 아버지보다 어머니와 관계가 더 좋았는가?
- 어머니와 관련해서는 위의 질문들에 대해 어떻게 답하겠는가?
- 오늘날 아버지/어머니와의 관계가 개선되었는가?
  만일 그렇다면 어떤 방법으로 개선되었는가?

(소그룹 질문)

1. 현재의 가정에 대해 가족 패턴 검사를 해보고 지금까지 우리 가정에서 반복되고 있다고 느끼는 패턴은 무엇인지 나누고 그것이 어떻게 바뀌기를 원하고 또 그렇게 하려면 내가 어떻게 해야 하는지 나누어 보시오.
2. '그동안 덮어두었던 것을 자세히 살펴보기'에서 나의 원가족과 현재 가족에서 나타나는 밝은 점/어두운 점은 무엇인지 나누어 보시오.

5. 가족 패턴 검사

당신의 가정에 "항상" 해당되는 말에는 "3"을 기입하시오.
당신의 가정에 "때때로" 해당되는 말에는 "2"를 기입하시오.
당신의 가정에 "거의" 해당되지 않는 말에는 "1"을 기입하시오.

_____ _____ 1. 누군가에게 문제가 있을 때 가족들은 서로 지원한다.
_____ _____ 2. 가족들은 자유롭게 자신의 생각을 말한다.
_____ _____ 3. 나의 가족들과는 어떤 것이든 말할 수 있다.
_____ _____ 4. 가정적인 결정에 있어서 모든 가족들이 함께 참여한다.
_____ _____ 5. 우리 가족은 함께 하는 일들이 많다.
_____ _____ 6. 우리 가정의 자녀들에게는 그들이 받는 훈육방식에 대해 말할 발언권이 있다.
_____ _____ 7. 우리 가족은 함께 같은 방에 있는 것을 좋아한다.
_____ _____ 8. 우리 가족들은 함께 문제를 논의하고 해결책을 찾는 것을 좋아한다.
_____ _____ 9. 우리 각자는 자신의 친구들이 가족들의 친구들이기도 하다고 생각한다.
_____ _____ 10. 우리 가정에서는 모든 사람이 책임을 분담한다.
_____ _____ 11. 가족들은 서로의 관심사를 나눈다.
_____ _____ 12. 우리 가정에서는 규칙이 간혹 바뀔 수 있다.

애착성 척도(홀수 합계) _____ 유연성 척도(짝수 합계)_____

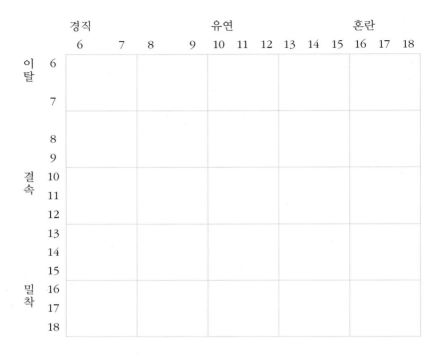

6. 가계도와 작성 단계

가. 가계도는 A4 용지를 아래위로 길게 놓고 작성하며 반드시 기독
   교 상담과 가족치료 3권(브루스 리치필드 저, 정성준 역, 예수
   전도단)의 그림21과 22에 설명된 제시 방법대로 정확하게 작성
   되어야 한다. 정보가 너무 많아서 A4 용지에 들어가지 않으면
   A3 크기 용지에 작성한 뒤 그것을 A4 크기로 축소 · 복사할 것
   을 제안한다.

나. 설명된 기호와 방법을 사용해서 3세대 위로 모든 혈육들(삼촌,
   고모, 이모의 배우자와 사촌은 제외)을 넣는다.

- 혈육에 속한 모든 가족들은 사망했을지라도 반드시 포함시켜야 한다.
- 남자는 □, 여자는 ○로 표기한다. 성별을 모르는 경우 △로 표기한다.
- 겹선으로 표시된 □나 ○는 지명환자(IP)를 가리킨다.
- 부부치료에서는 양쪽 배우자의 3세대를 포함시켜야 한다.
- 이전의 결혼관계와 사실혼 관계도 포함시켜야 한다.
- 남편과 그의 원가족은 왼편에, 아내와 그녀의 원가족은 오른편에 놓는다.
- 자녀들은 장남/장녀를 제일 왼쪽에 두고 나이순으로 차례로 표기한다.
- 유산하거나 사산한 자녀도 포함시킨다.
- 가족원들의 나이는 □나 ○ 바로 아래 쓴다.
- 만일 그 사람이 사망했으면 □나 ○ 안의 나이 위에 ×를 표시한다. 사망연도는 옆에 기재한다. 사망에 대해 별다른 사항이 있으면 기재한다.

다. 가족원들의 관련 문화적 배경을 기재한다.
라. 가족 이름 옆에 각각의 핵가족이 살았던 주거지를 기록한다.
마. 그 가족의 종교적 배경(독실한 또는 명목상)을 기재한다.
바. 중독이나 심각한 정신질환, 그 밖의 만성질환, 범죄 행위, 사교나 주술행위와 같이 세대적인 문제가 될 가능성이 있는 사항을 기재한다. 이것은 그 문제를 가리키는 약자를 ○ 속에 넣어 그 사람의 이름 옆에 기재한다.
사. 사람 이름 아래에 결혼 상태를 간략하게 표기한다(**예** 결혼생활 원만, 보통, 빈약, 별거, 이혼).

아. 부부관계에서 누가 더 지배(군림)적인지 이름 옆에 DOM (dominate)이라고 써넣은 직사각형을 그린다.

자. 가족원의 이름 옆에 관련 기타 정보를 적는다. 여기에는 특이사항, 직업, 아동학대의 가해자 또는 피해자, 자살, 행방불명, 기타 가족비밀과 같은 것들이 포함된다.

차. 다양한 가족원들 간의 관계, 특히 지명환자가 가계도상의 다른 사람들과 어떤 관계에 있는지 기재한다. 이것은 두 시기로 나누어 표기한다. 첫째로 지명환자의 인격 형성기(십대 후반까지) 동안의 관계 상태는 빨간색 선으로, 현재 관계 상태는 초록색 선으로 표기한다. 흔히 있는 부인의 문제를 극복하기 위해 선의 개수는 객관적인 실제에 따라 결정해야 한다.

- 3개의 평행선은 두 사람 간의 최고 상태로 친밀하거나 융합된 관계
- 2개의 평행선은 적절한 관계
- 1개의 직선은 빈약한 관계

물결선(혹은 점선)은 관계가 없는 상태

카. 다른 곳에 기재되지 않은 중요한 정보는 어떤 것이라도 관련 인물이나 가족 옆에 상자를 그려 그 속에 기입할 수 있다. 그 한 예는 어린 시절에 부모가 돌아가신 때의 지명환자의 나이를 기록하는 것이다.

타. 종이의 왼편 아래쪽 코너에 지명환자의 아버지의 직업, 성격의 긍정적인 측면과 부정적인 측면 등 세부 사항을 기록할 수 있다. 오른쪽 아래 코너에는 어머니에 대해 같은 방식으로 기록할 수 있다. 부부치료의 경우 남편과 아내의 양가 부모님들에 대한 정보는 각각 왼편 아래쪽 코너와 오른쪽 코너에 기록할 수 있다.

1. 설명된 방법에 따라 가계도를 정확하게 작성하고 "가계도 정보 모으기"의 질문에 대해 답하시오.
2. 가계도에서 가족 간의 관계, 특히 위에서 나온 "부모와의 관계에 대한 질문"에 답해 보고 그에 맞는 관계선을 그려 넣으시오.

7. 가족 규칙의 이해

A. 가족 규칙의 양상

1. 가족원들이 몇몇 역기능 가족 규칙을 간혹 사용한다.
2. 가족원들이 몇몇 역기능 가족 규칙을 항상 사용한다.
3. 가족원들이 모든 역기능 가족 규칙을 간혹 사용한다.
4. 가족원들이 모든 역기능 가족 규칙을 항상 사용한다.

B. 5가지 병리적 가족 규칙

1. 보지 말라(Be Blind)
2. 느끼지 말라(Be Numb, Don't Feel)
3. 말하지 말라(Be Quiet, Don't Talk)
4. 믿지 말라(Be Careful, Don't Trust)
5. 착하게 굴라(Be Good)

C. 착한 아이 증후군의 특징

1. 부모를 결코 불편하게 하지 않는다.
2. 자신의 개인적인 필요를 결코 갖지 않는다.
3. 어떤 경우에도 지지 않으며(부모와 경쟁하는 경우를 제외하고)

학교에서도 A학점을 놓치지 않는다.

4. 가르치지 않아도 어떻게 모든 것을 완벽하게 하는지 안다.

5. 결코 비판적이거나 주체적인 생각을 갖지 않는다.

6. 행복한 시간 외에는 어떤 것도 기억하지 않는다.

D. 아동의 5가지 자유(Virginia Satir)

1. 보고 들을 자유

2. 느끼고 표현할 자유

3. 생각하고 말할 자유

4. 원하는 것을 바라고 선택할 자유

5. 모험하고 부르심대로 나아갈 자유

(소그룹 질문)

1. 가족 규칙 작업지의 "해야 한다" 부분에서 초기 아동기에 믿었던 10가
   지 가족 규칙을 찾아 적어라. 병리적 가족 규칙은 "반드시 마땅히 해야
   한다"의 메시지를 담은 강압적인 경우가 많으며 특히 어떤 가족 규칙들
   은 찾아내기가 매우 어렵다. 그룹원들 간에 서로의 이야기를 들으면서
   자신의 숨겨진 가족 규칙을 찾아내시오.
2. 5가지 아동의 자유 중에 내가 원가족에서 자라면서 누리지 못한 것은
   무엇인지 나누시오.

* 가족 규칙 작업지

예 보기, 느끼기, 말하기, 믿기, 실수, 대화, 감정표현, 역할, 애정표현, 행동, 가족비밀

해야 한다(Should)	할 수 있다(Can)	때로는 (Sometimes)	3개 이상의 Option 주기

* 가족 규칙 작업하기

내담자의 개인적 규칙(지각과 기대가 이면에 있다)

예

1. 아버지는 힘이 있으며 아버지의 생각은 항상 옳다.
2. 생존을 위해서 감정을 무시하고 다른 사람의 비위를 맞춰야 한다.
3. 어머니나 부인은 즐거워야 하고 도움을 줘야 하고 희생적이어야 한다.
4. 자기 자신보다는 일이 더 중요하다.
5. 가족생활에서 친밀감은 중요하지 않다.
6. 자신의 가치는 외부로부터 온다.

1단계 : 해야 한다(Should)를 할 수 있다(Can)로 바꾼다.

예 나는 절대로 질문을 해서는 안 된다.

나는 절대로 아무 질문도 안 할 수 있다.

2단계 : 절대로(Never)를 때때로(Sometimes)로 바꾼다.

예 나는 절대로 아무 질문도 안 할 수 있다.

나는 때때로 질문을 할 수 있다.

3단계 : '할 수 있다'를 3개 이상의 가능성으로 확장한다.

📖 나는 학교와 관련된 상황에서, 이해가 잘 안 될 때, 그리고 더 탐색하고 싶을 때는 때로는 질문을 할 수 있다(선택을 넓혀 가는 과정).

* 가족 규칙 바꾸기 작업 가이드라인

1. 당신의 가족 규칙 목록을 작성하시오. 초기 아동기의 가족 규칙을 적어도 10개 이상 적어 보시오.

2. 이러한 규칙을 통해 지금 당신이 얻은(성취한) 것은 무엇인가? 각 규칙의 생존 측면을 검토해 보시오. 그리고 각각의 속에 있는 지혜의 씨를 찾아보시오.

3. 이 규칙을 지침으로 만든다면 어떻게 되겠는가?(앞의 세 단계를 따라 바꾸어 보시오)

4. 현재나 과거의 가족 규칙 중 아직도 적합하고 유효한 것이 있는가? 그것들을 유지하기 위해서는 어떤 대가를 치러야 하는가?

5. 어릴 때 당신이 습득한 가족 규칙 중 오늘날 다른 사람에게 지키도록 강요하는 규칙은 무엇인가? 이제는 이 규칙이 지니는 강제성을 변화시킬 수 있는가? 그리고 다른 사람들을 위해서 지침으로 만들 수 있는가?

(소그룹 질문)

1. 자신의 가족 규칙 중 1가지 규칙을 가족 규칙 바꾸기 작업 가이드라인에 따라 바꾸어 보시오. 만일 강제성을 가진 규칙이라면 융통성을 가진 지침으로 바꾸어 보시오.

2. 바꾸려고 노력할 때 마음에 감정적 어려움을 느끼는 규칙이 있는가? (불안, 분노, 두려움, 신경과민 등 어떤 감정적 반응, 또는 신체 반응을 느끼는지 나누어 보시오)

가족 규칙 작업지

다음 문항을 읽고 자신에게 해당되는 가족 규칙 항목에 점수를 표하시오.

1=그렇게 하지 않아도 된다.   2=대체로 그렇게 하지 않아도 된다.

3=중간이다.

4=대체로 그렇게 해야 한다. 5=반드시 그렇게 해야 한다.

1. 모든 가족 행사에 참석하여야 한다. 　　　　　　　　　 [　]
2. 한 번 약속을 하면, 그 약속은 지켜야 한다. 　　　　　 [　]
3. 항상 성실하고 최선을 다해야 한다. 　　　　　　　　　 [　]
4. 사치는 나쁘기 때문에 검소해야 한다. 　　　　　　　　 [　]
5. 근검절약하여 미래를 위해 준비해야 한다. 　　　　　　 [　]
6. 성(性)에 대해 말하거나 알려고 해서는 안 된다. 　　　 [　]
7. 남자는 말을 아껴야 한다. 　　　　　　　　　　　　　 [　]
8. 여자는 목소리가 커서는 안 된다. 　　　　　　　　　　 [　]
9. 여자는 남자의 의견에 반대를 해서는 안 된다. 　　　　 [　]
10. 집안일은 여자의 몫이다. 　　　　　　　　　　　　　 [　]
11. 자녀 양육은 엄마가 책임져야 한다. 　　　　　　　　 [　]
12. 장남과 장녀는 장남과 장녀 노릇을 해야 한다. 　　　 [　]
13. 어른의 잘못을 지적하거나 불평해서는 안 된다. 　　　 [　]
14. 아랫사람은 윗사람에게 복종해야 한다. 　　　　　　　 [　]
15. 어른에게 말대꾸해서는 안 된다. 　　　　　　　　　　 [　]
16. 말을 많이 해서는 안 된다. 　　　　　　　　　　　　 [　]
17. 남에게 싫은 말을 해서는 안 된다. 　　　　　　　　　 [　]
18. 원하는 것을 요구하기보다 해줄 때까지 기다린다. 　　 [　]
19. 남의 흉을 봐서는 안 된다. 　　　　　　　　　　　　 [　]
20. 감정, 특히 부정적인 감정을 표현해서는 안 된다. 　　 [　]
21. 집안일을 밖에서 말해서는 안 된다. 　　　　　　　　 [　]
22. 식구들 사이에 갈등이 있어서는 안 된다. 　　　　　　 [　]
23. 형제끼리 싸워서는 안 된다. 　　　　　　　　　　　　 [　]
24. 자기 자랑을 해서는 안 된다. 　　　　　　　　　　　 [　]
25. 실수해서는 안 된다. 　　　　　　　　　　　　　　　 [　]
26. 가문에 먹칠을 해서는 안 된다. 　　　　　　　　　　 [　]
27. 잘못하면 반드시 벌을 받아야 한다. 　　　　　　　　 [　]
28. 부모에게 반드시 효를 행해야 한다. 　　　　　　　　 [　]
29. 남자는 울어서는 안 된다. 　　　　　　　　　　　　 [　]
30. 어른에게 걱정을 끼쳐서는 안 된다. 　　　　　　　　 [　]
31. 부모의 판단이 가장 옳기 때문에 부모의 의견에 따라야 한다. [　]
32. 부모 마음이 불편하면 자식이 풀어 드려야 한다. 　　 [　]
33. 거짓말을 해서는 안 된다. 　　　　　　　　　　　　 [　]
34. 그 외 :_____ [　]

8. 생존기제와 가족 역할

A. 생존기제

생존기제(방어기제)는 항상 위험한 것이 아니다. 삶의 여러 상황에서 종종 사용되는 것이다. 그것이 위험스러운 것이 될 때는 (1) 배타적으로 (2) 부적절하게 사용될 때이다.

* 배타적(Exclusive) : 이 방법밖에 사용할 줄 모른다.
* 부적절(Inappropriate) : 효과가 없는데도 계속 그 방법을 사용한다.

1) 반동 형성(Reaction Formation)
2) 치환/대치(Displacement)
3) 투사(Projection)
4) 내사(Introjection)
5) 억압(Repression)

(소그룹 질문)

1. 가계도에 원가족에서 가족 구성원들 각자가 사용했던 생존기제(방어기제)를 적어놓고 나 자신과 다른 가족들이 어떤 생존기제를 사용했었는지 나누어 보시오.
2. 현재 가족에서 나는 어떤 방어기제를 사용하고 있는가? 배우자, 자녀들은 어떤 생존기제를 사용하고 있는가?

B. 가족 역할

1) 병리적 가족 역할의 이해

① 일차적 역기능자(주로 화학물질 의존자)
② 자칭 전능자(일차적 강화자)
③ 가족영웅/책임감 있는 아이(우등생, 기업인, 사회 명사)
④ 가족 희생양/속죄양(문제아, 분쟁을 일으키는 자, 사회 쓰레기)

⑤ 잃어버린 아이(몽상가, 사회적 고독자)
⑥ 마스코트(광대, 재담꾼, 장난꾼, 개그맨)

(소그룹 질문)

자신이 원가족에서 어떤 역할을 했었는지 그룹원들과 함께 나누시오. 또한 그 역할이 현재 성인기의 대인관계에 어떤 영향을 미치는지 깨달은 것을 나누시오.

2) 가족 역할 검사 실시

다음에 주어진 문장을 읽고 다음 검사 항목 중 위로부터 자신의 반응에 가장 많이 해당되는 것을 선택한다. 자신에게 해당하는 것의 숫자를 각 문장 앞에 기입한 후 점수를 합산한다. 점수가 가장 낮은 것이 당신의 일차적 역할이며 점수가 두 번째로 낮은 것이 당신의 이차적 역할이 될 것이다.

항상	빈번히	적당히 빈번히	가끔	드물게	매우 드물게	전혀 없음.
1	2	3	4	5	6	7

* 영웅
  - 나는 다른 사람에게 도움을 주기를 좋아한다.
  - 나는 책임감이 매우 강하다.
  - 어떤 일이든 올바르게 하는 것이 내게는 중요하다.
  - 사람들은 종종 내가 어떻게 그렇게 많은 일을 할 수 있는지 의아해한다.
  - 나는 매우 높은 가치 기준을 지니고 있다.
  - 사람들은 나를 완벽주의자라고 말한다.
  - 일이 잘못되었을 때 나는 종종 자책감을 느낀다.
  - 나는 남으로부터 칭찬 받는 것을 어려워한다.
  - 나는 종종 내가 해야 하는 것 이상으로 나를 몰아갈 때가 있다.
  - 나는 어떠한 일이든 실수(실패)하는 것을 싫어한다.

합계 _____

* 잃어버린 아이
  - 나는 갈등(분쟁)을 좋아하지 않는다.
  - 나는 갈등(분쟁)을 피하기 위해 상대방과 사이좋게 지낸다.
  - 팽팽한 긴장감이 있을 때 피할 방법들을 찾는다.
  - 사람들은 나를 소극적이고 조용한 편이라고 한다.
  - 나는 나 자신을 외로운 사람이라고 여기고 나 자신을 독립적인 사람
    으로 평가한다.
  - 나는 나 자신을 별로 중요하지 않게 생각한다.
  - 나는 종종 몽상이나 환상을 갖곤 한다.
  - 나는 종종 외로움을 느낀다.
  - 나는 종종 다른 사람들이 원하는 것을 해야 한다고 느낄 때가 있다.
  - 나는 내가 필요로 하는 것을 요구하기가 어렵다.
                                              합계

* 마스코트
  - 즐겁고 재미있는 시간을 갖는 것이 내겐 중요하다.
  - 나는 많은 에너지를 소유한 사람이다.
  - 나는 사람들에게 둘러싸여 함께 있기를 좋아한다.
  - 나는 일행 중에 가장 인기 있는 사람이라는 이야기를 듣는다.
  - 대립감(긴장감)을 느낄 때 나는 유머로 그 순간을 호전시키고자 한다.
  - 약속이나 책임(위임) 같은 용어는 내게 부담스러운 느낌을 준다.
  - 나는 너무 심각하고 진지한 것은 좋아하지 않는다.
  - 나는 진정한 내 모습을 사람들에게 알리지 않는다.
  - 나는 때때로 내가 진정 누구인지 의심스러울 때가 있다.
  - 나는 갈등(분쟁)하는 것을 좋아하지 않는다.
                                              합계

* 희생양
- 나는 자기중심적이다.
- 나는 종종 화를 잘 낸다.
- 삶(인생)은 내게 불공평한 것 같다.
- 나는 사람들과 친밀감을 가지는 것이 어렵다.
- 어떤 사람이 언제나 나를 짓누르려고 하는 것 같다.
- 나는 고집스럽다는 말을 듣는다.
- 내가 생각한 방식대로 일을 처리하길 좋아한다.
- 나는 나에게 무엇을 하라고 말하는 사람을 좋아하지 않는다.
- 나는 강한 리더일지는 모르지만 잘못된 방향으로 이끌고 갈 수 있다.
- 사람들은 끊임없이 나의 결점을 잡고 잘못되어 가는 일에 대해 나를
  비난한다.

합계 _____

9. 대처 방식과 자기 분화

A. 병리적 대처 방식

병리적 가족 역할에 고착된 사람들은 자신, 타인, 상황과 조화를 이루지 못하며(즉, 자기분화가 되어 있지 못함), 어떤 상황(스트레스)하에서도 생존하는 것이 일차적으로 중요한 것이기 때문에 대처 방식을 형성하게 된다. 역기능 가족 역할에 고착된 사람들은 성인이 되어서도 외부의 자극에 역기능적으로 대처하게 되고 4가지 병리적 의사소통 방식을 사용하게 된다(Satir). 이러한 대처 방식은 그 사람이 의사소통하는 방식을 관찰하면 쉽게 알 수 있다.

① 회유형(Placating)	
② 비난형(Blaming)	
③ 초이성형(Super-reasonable)	
④ 산만형(Irrelevant)	
⑤ 일치형	

* 일치성을 나타내는 8가지 척도

1) 상대방이 질문할 때 방어적으로 되거나 "왜" 그런 질문을 합니까?라고 되묻기보다는 그냥 직접적으로 진솔하게 대답한다.

2) 성적인 문제에 자연스러운 태도를 지닌다.

3) 구구절절한 설명을 붙이지 않고 원하는 것을 구체적으로 요구한다.

4) 'yes', 'no'를 솔직하게 말한다(또는 솔직한 선택을 한다).

5) 성급하게 판단을 내리기보다는 의견, 생각, 상황 등을 탐색한다. 또는 선택에 대해 책임을 지며 선택에 대해 일관성을 가진다.

6) 두려움이 있을지라도 자신을 위해 모험을 한다.

7) 인생에 대한 질문을 계속적으로 하고 새로운 가능성에 대해 개방적이며, 모든 새로운 상황에 앞서 미리 답을 알고 있는 것처럼 행동하지 않는다.

8) 새로운 가능성, 선택, 해결을 위해서 자신의 직관, 즉 내면의 참자아(또는 성령)의 목소리에 귀를 기울인다. 그리고 어떤 의사결정의 상황에서도 이러한 것들을 무시하지 않는다.

(소그룹 질문)

1. 가계도에 원가족 성원들 각자의 대처 방식을 기입하고 현재 내가 주로 사용하는 대처 방식, 혹은 의사소통 방식은 무엇인지 나누어 보시오.
2. 일치성을 나타내는 8가지 척도에 정직하게 답해 보고 나는 현재 어느 정도 일치적인지 그룹원들과 나누어 보시오. 일치적으로 대처하고 대화하려면 나는 무엇을 바꾸어야 하는가? 구체적인 변화 계획을 나누시오.

B. 동반 의존적 거짓 자아

어떤 때는 난 행복하고
어떤 때는 난 울적하다.

내 기분은 당신에게 달려 있기 때문이다.

동반 의존(또는 사람의 존중)은 내면의 깊은 공허감을 채우려는 시도로 사람들에게 집착하는 것을 말한다. 그것은 상실된 정체성이다. 자기 자신과 깊은 관계가 없는 상태이며 역기능 가정의 산물이다. 다시 말해서 동반 의존성은 정체감 혼란과 위기의 상태이다. 그것은 정체성의 문제이기에 인간 존재의 중심부에까지 영향을 미치는 영적 질병이 된다. 그것은 영적 빈곤으로 불리기도 한다.

동반 의존은 문자 그대로 '함께 의존한다'는 뜻이다.

* 건강한 친밀 관계를 구성하는 4가지 구성 요소
    - 사랑(love)은 가장 오래 지속되는 요소
    - 존중(respect)은 가장 쉽게 무시되는 요소
    - 신뢰(trust)는 한번 깨어지면 가장 회복되기 어려운 요소
    - 이해(understanding)는 가장 오랜 시간이 걸리는 요소

그러나 동반 의존적 거짓 자아는 이러한 네 가지 기둥을 잘 충족시키지 못한다. 사랑 대신에 조종과 통제, 존중 대신에 비존중, 신뢰 대신에 불신, 이해 대신에 오해로 병적이고 학대적인 관계를 맺으며 거기에서 벗어나지 못한다.

병리적 사랑과 의존
동반 의존자 →   조종 · 통제   ← 상대방
경멸 · 애증

* 동반 의존의 특징
    - 다른 사람에 대한 강박적 · 충동적 의존

- 그 사람에 대한 (적극적/수동적) 통제와 조종
- 그 사람에 대한 애증
- 불분명하고 흐릿한 (신체적, 정신적, 정서적, 영적) 경계선
- 바뀔 수 없는 것들에 대한 염려와 좌절
- 나의 행복은 다른 사람에게 달려 있다는 생각
- 다른 사람에 대한 과도한 책임감
- 자신의 건강과 복리를 소홀히 함
- 부인(Denial)
- 낮은 자존감
- 상처에 대해 지나치게 예민함
- 억압된 분노
- 건강한 자기주장(자기표현)의 결핍
- 극단적인 기분과 행동
- 인생에서 놓쳐 버린 그 무엇을 계속해서 찾아다님.
- 역기능적 원가족의 미해결 과제
- 자신의 행동에 대해 후회하면서도 그것을 계속 되풀이함.

1) 조종과 통제

2) 억압된 분노

억압된 분노는 동반 의존의 또다른 특징이다. 다른 중독자들과 마찬가지로 모든 동반 의존자들은 억압된 분노를 상당히 많이 지니고 있다고 단정해도 좋다. 대부분은 그 사실을 인식하지 못하거나 부인한다. 오늘날 주로 많이 걸리는 정신 질환인 우울증은 분노와 연관된 경우가 많다. 분노는 우울증의 주요 원인 중 하나이다. 우울증은 '내면화된 분노(Anger Turned Inward)'라고 불려 왔다.

3) 극단적인 기분과 행동

4) 경계선(Boundary) 문제

5) 초책임적

6) 변화를 어려워함, 완고함, 일관성 없음, 우유부단함.

7) 갈등에 대한 두려움, 무력감, 취약감

8) 완벽주의

완벽주의	탁월성
* 도달 불가능한 목표를 추구한다. * 자신의 행동에 따라 자기 가치를 둔다. (인간 행위자) * 실패를 하면 낙심한다. * 1등이 되어야만 직성이 풀린다. * 비평을 싫어한다.	* 도달 가능한 높은 기준을 즐겁게 추구한다. * 자신이 누구인지에 따라 자기가치를 둔다. (인간 존재자) * 실패를 통해 배운다. * 자신이 최선을 다했다고 생각하면 2등을 해도 행복해한다. * 비평을 환영한다.

9) 중독성 관계 패턴

　　　－ 인정중독

　　　－ 낭만중독

　　　－ 관계중독

　　　－ 회피중독

　　　－ 성중독

10) 건강하고 친밀한 관계 유지의 어려움.

　　추적자(Pursuer)와 도망자(Pistance)

11) 수치감과 죄책감, 영적 공허감, 고립감

(소그룹 질문)

동반 의존의 특징 중 자신에게 강하게 나타나는 부분을 표시하고 무엇인지 나누시오. 동반 의존적 거짓 자아를 어떻게 변화시킬 것인가?

10. 삼각관계와 자아분화

A. 삼각관계의 전수과정 이해

가족 구조는 특정인을 중심으로 가족이 조직되는 방식을 말하는 것으로 가장 기본적인 형태는 아버지, 어머니, 자기로 이루어진 원가족 삼인군이다. 겉으로 보이는 가족 유형과 내면적인 가족 구조가 일치할수록 건강한 가족이며 일치하지 않을수록 역기능이 많은 병리적 가족이다. 이런 가족에서는 이러한 틈을 메우기 위해 가족 비밀을 유지하고 가족 신화를 만들어 낸다.

B. 자아분화의 이해

* 분화(Differentiation)란?

자기 주변의 연대에 대한 압력으로부터 분리되어 자신의 인생의 목표와 가치를 정의 내릴 수 있는 능력을 의미한다. 분화된 사람은 다른 사람들이 '너', '우리'와 같이 통제적이고 요구적인 말을 할지라도 '나'로 시작되는 말을 할 수 있다. 그러한 사람은 여전히 결속되어 있으면서도 '나'일 수가 있는 것이다. 그들은 의존적(Dependent)이거나 독립적(Independent)이지 않고 상호 의존적(Interdependent)이다. 여기에는 불안한 체계 속에서도 비교적 불안이 없는 상태를 유지할 수 있는 능력, 그리고 자신의 선택과 감정에 대한 책임감이 포함된다.

자기가 없는 사람은 가족 집단 자아의 공통적인 자아를 나누어 갖는다. 보웬은 그것을 자아군(Egomass)이라고 불렀다. 사람들이 자아분화를 하게 될 때 그들은 내면으로부터 분화하고(Differentiate within), 타인으로부터 분화한다(Differentiate between).

* 분화의 정도는 0-100의 연속선상에서 살펴볼 수 있다.

0	25	50	75	100
융합				분화

낮은 분화 수준(0~25)/중간 정도의 분화 수준(25~50)/높은 분화 수준(50~75)

* 진짜 자기(Solid Self)와 가짜 자기(Pseudo Self)

진짜 자아를 형성한 사람은 이성이 감정을 지배한다. 분명한 신념, 확신, 삶의 원칙에 근거해서 사는 사람이다. 이들은 논리적이고 이성적인 판단을 할 수 있는 능력과 인생의 여러 측면을 고려하여 결정을 내릴 수 있는 능력을 가지고 있다. 가짜 자아를 형성한 사람은 감정에 따라 결정을 하는 사람이다. 삶의 장기적인 목표가 불분명하고 지금 당장 편안하고 안정적인 것에 더 초점을 맞추기 때문에 의존적 관계를 형성하며 자기 판단을 아예 포기하기도 한다.

* 핵가족 정서체계

개인의 해소되지 못한 불안이 다른 가족들에게 투사되는 것을 말한다. 또한, 가족들이 감정적으로 연결되어 있는 상태를 말한다. 가족은 강하게 혹은 약하게 연결되어 있다. 분화가 잘 되면 불안을 버티고 새로운 목표를 세울 수 있다. 그러나 분화가 낮은 사람들은 견디어 내는 과정에서 불편한 감정을 못 참는다. 즉, 감정적으로 하나가 되어 힘을 얻고자 한다. 이런 가족의 구성원은 독립된 행동을 하면 죄책감을 가지게 된다.

보통 결혼을 할 때 자신의 분화 정도에 걸맞은 배우자와 결혼하게 된다.

1. 각자 배우자에게 바라는 인정을 얻지 못하기 때문에 사이가 멀어진다.
2. 어느 한쪽 배우자에게 신체적 혹은 심리적 역기능이 나타난다.

3. 부부는 문제가 무엇이든 항상 싸운다. 그러나 반동적으로 거리를 둔다.
4. 자신의 문제를 하나 혹은 여러 자녀들에게 삼각관계를 이루며 투사한다.

* 삼각관계

가족 구조는 특정인을 중심으로 가족이 조직되는 방식을 말하는 것으로 가장 기본적인 형태는 아버지, 어머니, 자기로 이루어진 원가족 삼인군이다. 겉으로 보이는 가족 유형과 내면적인 가족 구조가 일치할수록 건강한 가족이며 일치하지 않을수록 역기능이 많은 병리적 가족이다. 이런 가족에서는 이러한 틈을 메우기 위해 가족 비밀을 유지하고 가족 신화를 만들어 낸다.

* 가족투사과정(Family Projection Process)

부부 사이에 불안감이 높으면 갈등과 긴장이 커지게 된다. 이들은 자녀들로부터 안정감과 확인을 얻는 것을 통하여 이 긴장을 해소하려고 한다. 가정에서 부모가 한 자녀에게 집중적으로 초점을 맞추어 투사하게 되면 그 자녀는 부모보다 낮은 자아분화도를 이루어 삶에 적응하는 데 문제가 생기게 되고 결국에 원가족과 정서적 단절이 생긴다. 이러한 낮은 분화도는 세대를 넘어서 전수되는데, 결국 여러세대를 걸쳐 정신분열증 환자를 만들어 낸다.

* 정서적 단절(Emotional Cutoff)

모든 인간은 부모와 해결되지 않은 애착문제가 있다. 이러한 문제를 도망가거나, 분리하거나, 철회하거나, 원가족의 중요성을 부인하는 방법으로 해결하려 할 때 정서적 단절이 생기게 된다. 신체적으로 가까이 있지만 정서적으로 단절되어 서로 영향을 끼치지 않거나, 신체적으로 멀리 떨어져 있어 자주 만나지 못하거나 피하는 정서적 단절이 있다. 정서적 단절은 용해의 가능성이 있어 자신을 잃을까봐 가족을 피하는 것이다. 정서적으로 단절되어 있으면 서로를 이해하지 못하고 외롭게 되며 다른 인간관계도 어려워진다.

* 다세대 전달

감정반사 형태가 전달, 반복된다. 부모가 한 자녀에게 감정반사, 분노를 터뜨리며, 이것을 당한 자녀는 억울함과 부모에 대한 분노가 터진다. 아이는 다른 사람의 자극에 감정반사를 하게 된다. 아이는 부모와 똑같이 된다. 삼각관계에 빠진 자녀가 자기와 비슷한 혹은 자신보다 더 못한 사람과 결혼하면 그 다음 세대의 자녀는 문제가 더욱 커진다.

* 형제순위[1]

---

1) ALFRED ADLER의 출생순위와 형제관계
   아들러식 상담자들은 대부분은 인각적 문제를 본질적으로 사회적인 관점에서 보기 때문에 가족 내 관계를 중시한다. 가족자리란 가족집단의 사회심리적인 형태를 그리는 데 사용되는 용어이다. 즉, 가족들의 성격유형, 정서적 거리, 나이 차이, 출생순위, 상호지배 및 복종관계, 가족의 크기 등은 가족자리를 결정해주는 요소가 되며 개인의 성격발달에 영향을 미친 출생순위, 상호지배 및 복종관계, 가족의 크기 등은 가족자리를 결정해주는 요소가 되어 개인의 성격발달에 영향을 미친다. 특히 출생순위는 중요한 의미를 가지며 각 출생순위에 수반되는 상황에 대한 지각이 중요하다. 일반적으로 어떤 특정한 출생순위에 태어난 아이들은 일반적인 특징들을 가지고 있는데 그것을 살펴보면 아래와 같다.
가. 첫째 : 맏이는 잠시 동안 부모의 사랑을 독차지하지만 동생이 태어나면서 사랑을 빼앗기게 되고 그것을 되찾으려고 노력하나 실패한다. 그 결과 그는 스스로 고립해서 적응해 나가며 다른 사람의 애정이나 인정을 얻고자 하는 욕구에 초연해 혼자 생존해가는 전략을 습득해 간다. 때문에 일반적으로 다른 성인들과 좋은 관계를 맺으며 타인의 기대에 쉽게 순응하고 사회적인 책임을 잘 감당하는 특징을 보인다. 보수적이다.
나. 둘째 : 둘째 아이는 날 때부터 손위 형제라는 경쟁자를 가지고 있으므로 그들의

자녀들의 위치에 따라 특별한 성격을 발전시킬 수 있다는 이론이다. 자녀들의 나이순서가 중요한 것이 아니라 어떤 역할(기능)을 맡았는가가 중요하다.

둘째 아이 신드롬

* 사회적 퇴행

가정과 마찬가지로 사회도 그 안에 개인이 분화되지 못하도록 저항하는 힘을 지니고 있다. 가정은 사회의 하부 조직이며 공통된 과정과 원리를 가지고 있으며 분화의 정도에 따라 둘 다 비슷한 방식으로 반응한다. 가정이나 사회가 덜 분화될수록 만성적이고 심각한 문제들에 대해 단기적인 해결책을 찾는 경향이 더 많다. 이것은 순간적으로 불안을 해소시켜 줄 지는 모르지만 그 집단의 원리와 가치를 간과하고 인식하지 못하는 것이다.

장점을 능가하기 위한 자극과 도전을 받는다. 이러한 이유로 첫째부터 훨씬 빠른 반전을 보이기도 한다. 그 결과 아주 경쟁심이 강하고 대단한 야망을 가진 성격이 되기 쉽다. 그의 생활 양식은 자신이 손위 형제보다 낮다는 것을 증명하기 위해 노력하는 것이다. 반항적이다.

다. 막내 : 막내는 동생에게 자리를 빼앗기는 경험을 하지 않고 귀염둥이로 자라게 될 수도 있지만 때로는 전혀 관심을 받지 못할 수도 있다. 또한 자기보다 크고 힘이 세고 특권이 있는 손위 형제들에게 둘러싸여 독립심 부족과 함께 강한 열등감을 경험하기 쉽고 다른 사람이 자기 대신 자기의 생활을 만들어 주기를 바라는 경향이 있다.

라. 독자(녀) : 외동 아이는 경쟁할 형제가 없으므로 응석받이가 되기 쉬우며 이러한 생활양식으로 인해 의존심과 자기중심성이 현저하게 나타난다. 나누어 가지거나 다른 아동과 협동하는 것을 배우지 못하나 어른들을 어떻게 다루어야 하는지는 잘 배운다. 항상 무대의 중앙에 있기를 원하며, 그 위치가 도전을 받으면 그것을 불공평하다고 느낀다.

마. 중간아이 : 삶이란 불공평한 것이라고 확신할 수 있으며 세상에 속았다는 느낌을 받을 수 있다. 중간 아이는 "불쌍한 나"라는 태도를 가질 수 있으며 문제아가 될 수도 있다.

* 분화와 이탈, 밀착의 비교 요약

이탈(Engagement)	분화(Differentiation)	밀착(Enmeshment)
경직된 경계선	건강한 경계선	흐릿한 경계선(융합)
자기중심적 단절	결속과 분리	I We
I We	I We	불안/반사적 행동
불안/반사적 행동	불안이 없음.	동반의존적
독립적	상호의존적	자동적 반응
자동적 반응	내적인 자연스러움	고착
고착	선택적 자발성	타인에 초책임
타인에 무책임	자신과 타인에 책임	방어적/지배적
방어적	자기 방향성과 타인 신뢰	자기 자각 없음.
타인의 필요 무시	자신과 타인의 필요 자각	자신 무시, 우리 강조
타인 존중하지 않음.	자신과 타인 존중	타인에 의해 자신을 규정
개인주의로 자신을 규정	내면으로부터 자신을 규정	목표 혼돈
편협한 목표	목표와 관계를 분명히 규정	

* 사티어의 4가지 치료적 목표

자기 분화의 개념을 요약하면 가족치료사인 버지니아 사티어가 말한 4가지 치료 목표로 함축될 수 있다. 자기 분화를 이룸으로써 다음과 같은 사람이 되는 것이 목표이다.

1) 책임 있는 사람(Responsible)

2) 자존감이 높은 사람(High Self-esteem)

3) 스스로 선택할 수 있는 사람(Choice-maker)

4) 일치적인 사람(Congruent)

(소그룹 질문)

1. 원가족 내의 삼각관계와 현재 가족 내의 삼각관계를 찾아내어 가계도에 그려보고 반복되는 패턴을 찾아내어 나누시오.
2. 자아 분화가 잘 된 사람들의 특징을 보면서 나는 얼마나 자기 분화가 되어 있는지 나누고 특별히 어떤 부분에서 변화되고 성장하기를 원하는지 나누시오.

삼각관계의 전수과정 이해

감정 반사 행동을 하다 보면 건강한 관계를 맺지 못한다. 진짜 친밀감인가 가짜 친밀감인가에 따라 그 관계를 알 수 있다. 가족 구조는 특정인을 중심으로 가족이 조직되는 방식을 말하는 것으로 가장 기본적인 형태는 아버지, 어머니, 자기로 이루어진 원가족 삼인군이다.

삼인군 모델

1. 가족 관계로 세 사람을 한 단위로 보는 것이 체계적 이해에 도움이 된다.
2. 관계적 친밀감은 한 번에 일대일로 이루어진다.
3. 삼인군에서의 관계는 친근성 정도에 따라 분류된다. (친밀, 소원, 갈등)
4. 이에 따라 4가지 유형의 삼각관계가 나타날 수 있는데 이것에는 역동성과 유연성이 있으며 균형 잡힌 쪽으로 변화되려고 하는 속성이 있다.
5. 역기능 가정일수록 병리적인 삼각관계가 두드러진다.
6. 환경이 일시적으로 삼각관계 패턴을 바꿀 수 있다. (실직, 이사, 질병, 재정, 부모의 나이, 자녀들의 출가)
7. 삼인군에서 한 사람이라도 다른 것(상실, 이혼, 죽음, 노부모, 출가)으로 대체되면 세 사람의 모든 관계가 바뀐다.

| 유대관계 | 유대관계 형성과 경계선 개발 |

유대관계 형성과 경계선 개발

유아들은 부모와 긴밀한 유대 관계 속에 세상에서 환대 받으며 안전하다는 사실을 배워야 한다.

① 지속적이며 사랑이 넘치고 예측 가능한 환경의 제공을 통해 엄마는 아이가 세상과 관계를 맺게 이끌어 줘야 한다.
② 아이가 필요를 느끼고 엄마가 애정적으로 안정적인 반응을 할 때 아이는 변화 없는 엄마의 모습을 내면화하게 된다.
③ 경계선 개발 과정에 동반되는 분리와 갈등은 이러한 내면화 과정을 통해 잘 견디게 된다.

공생관계 Symbiosis(출생 초기단계)

아이의 필요에 엄마가 긍정적으로 반응할 때 아이는 변화지 않는 사랑을 가진 엄마의 모습을 내면화한다.

① 유아들은 엄마와 분리된 자아의식을 가지지 못하고 "엄마와 나는 똑같다."고 생각하는 단계를 거치며 성장한다. 이것을 공생이라 한다.
② 자기 주위에 엄마가 없을 때 유아들은 공포를 느끼며, 엄마 외에는 어느 누구도 아이를 편하게 해 줄 수 없다.

성장발달 : 자폐단계(출생 초기 단계)

외부로부터 차단되고 폐쇄된 상태, 대상에 대한 인식이 없는 상태로 살아간다.

① 잠든 시간이 더 많고 자극에 잘 반응을 하지 않는 단계이다.
② 자신의 욕구만 인식하고 이를 충족하기 위한 활동만 한다.

공생관계 Symbiosis, 대상 항상성

아이의 필요에 엄마가 긍정적으로 반응할 때 아이는 변화지 않는 사랑을 가진 엄마의 모습을 내면화한다.

① 엄마를 자신의 욕구를 채워 주는 외부의 환경으로 조금씩 인식한다.
② 엄마를 자신을 돌보는 일부의 기능을 가진 대상으로만 인식한다.

③ 사람의 얼굴을 보고 경험을 좋고 나쁨으로 나누어 조직화하기 시작하며 이러한 경험이 기억 속에 남는다.
④ 만족감을 주는 대상은 모두 좋은 대상으로, 고통을 주는 대상은 모두 나쁜 대상으로 지각한다.

유대관계 형성 성장발달	**공생관계 Symbiosis, 대상 항상성** 너희가 사랑 가운데 뿌리가 박히고 터가 굳어져서(엡 3:17) 그리스도 안에 뿌리를 박으며 세움을 입어(골 2:7) ① 유아가 지니는 마음의 그림은(항상성) 태어난 처음 몇 달 동안의 무수한 경험으로 형성된다. ② 지속적으로 사랑 받는 모든 경험들은 나는 항상 엄마에게 속해 있고 설혹 엄마와 떨어져 있어도 안전하다는 항구적인(대상 항상성) 내적 의심을 심어 주어 분리와 갈등을 견디는 기초가 된다. ③ 말씀은 우리가 사랑 가운데 터가 굳어져야 함을(항상성) 강조한다.
유대관계 성장발달	**분리 개체화 Separation Individuation** 분리의 단계, 분화 : 생후 5~10개월 ① 분화 단계 : "엄마와 나는 같다."에서 "엄마와 나는 다르다"로 새로운 세상에 대한 욕구가 나타난다. ② 새로운 것을 탐구ㆍ접촉하고 맛보고 느끼며 창조세계를 경험하며 창조주를 알아가는 시기로, 주위에 관심을 보이다가 다시 어머니에게 와서 어머니의 존재를 확인한다. ③ 이런 행동을 반복하면서 어머니와 다른 사람을 구별하기 시작한다. 또한, 자기와 대상과의 차이를 감각적으로 식별한다.
유대관계 성장발달	**분리 개체화 Separation Individuation** 생후 5~10개월 ① 곧 생애 단계의 어느 시점에 유아는 분화를 이루기 시작한다. 분화를 할 때 엄마는 유아가 믿고 의지할 수 있는 기지와 같은 역할을 한다. ② 자기 생각의 근원을 엄마로부터 찾고 자신이 발견하는 것들을 엄마와의 경험을 통해서 판단하게 된다.(Reference System) ③ 이때 유아는 사랑하는 대상을 잃어버리는 두려움을 갖게 되어 엄마에게 돌아가려 한다. ④ 낯선 사람에 대한 경계와 불안이 생기게 된다. 이러한 과정을 통해서 다른 여러 대상을 접할 수 있는 기회를 갖게 된다.

유대관계 성장발달	분리 개체화 Separation Individuation 초기 연습기 : 생후 10~16개월

개별화 욕구가 활발하게 일어나는 시기로 "나는 모든 것을 할 수 있어!"라고 생각하는 전능 환상 시기

① 어머니에게 가진 관심이 세상으로 돌아간다. 어머니로부터 멀어지며 세상을 탐험하고 싶은 욕구가 강하게 일어나 분리되는 경험을 시도한다. 그러나 어머니가 기지와 같은 역할로 중요하다.
② 자기가 극대화된다. 걷기 시작하면서 심리적 탄생기를 맞는다. 세상이 달라지고 자신을 사랑하지만 동시에 세상을 사랑하고 푹 빠지게 된다.

유대관계 성장발달	분리 개체화 Separation Individuation 본 연습기 : 생후 10~16개월

개별화 욕구가 활발하게 일어나는 시기로 "나는 모든 것을 할 수 있어!" 전지 전능 환상 시기

① 서서 걸어 다니며 급속도로 개별화되고 자신만의 독특한 경험을 가지는 시기이다.
② 세상에 빠지며 더 많은 탐험과 탐색을 하며 새로운 시각과 경험을 할 수 있게 된다.
③ 자신이 모든 것을 할 수 있다고 전능 환상에 빠지는 시기, 자신의 기술과 능력을 습득하는 시기이다.
④ 하지만 한편으로 엄마를 잃어버리는 두려움에 사로잡히게 되어 엄마에게 더 달라 붙는 행동을 하는 시기이다.
⑤ 엄마는 정서적으로 성숙하도록 적절한 거리를 유지하는 능력을 가지고 있어야 한다.

유대관계 성장발달 (화해단계)	분리 개체화 Separation Individuation 화해단계 : 전능 환상이 깨지는 단계. 17~24개월. 유아는 이 시기에 위기를 경험하게 된다.

① 연습기에는 전능 환상으로 확장되고 부풀려진 자아로 충만해져 있으나
② 화해단계에 들어서면 자신이 아주 작은 사람이라는 사실을 깨닫게 되고 자주 좌절하며 상처 받기 쉬운 상태가 된다.
③ 창피한 느낌을 경험하게 되고 낯선 사람을 두려워하는 불안이 다시 찾아 오는 시기이다. 엄마는 자신을 돕는 데 한계가 있으며 언제나 도움을 받을 수 있는 대상이 아님을 깨닫게 된다.

유대관계	분리 개체화 Separation Individuation
성장발달	본 연습기 : 생후 10~16개월

개별화 욕구가 활발하게 일어나는 시기로 "나는 모든 것을 할 수 있어!" 전능 환상 시기이다.

① 서서 걸어 다니며 급속도로 개별화되고 자신만의 독특한 경험을 하는 시기이다.
② 세상에 빠지며 더 많은 탐험과 탐색을 하며 새로운 시각과 경험을 할 수 있게 된다.
③ 자신이 모든 것을 할 수 있다는 전능 환상에 빠지는 시기이며, 자신의 기술과 능력을 습득하는 시기이다.
④ 하지만 한편으로 엄마를 잃어버리는 두려움에 사로잡히게 되어 엄마에게 더 달라 붙는 행동을 하는 시기이다.
⑤ 엄마는 정서적으로 성숙하게 적절한 거리를 유지하는 능력을 가지고 있어야 한다.

유대관계	분리 개체화 Separation Individuation
성장발달	화해단계 : 전능환상이 깨지는 단계. 17~24개월. 유아는 이 시기에
(화해단계)	위기를 경험하게 된다.

① 엄마가 기지에서 대상으로 전환되면서 유아는 분리와 개별화를 급속히 진전시키지만
② 연습 단계에서 보인 자기주장과 독립적인 행동이, 의존적이고 세상을 향해 나아가지 않으려는 행동으로 변하게 된다.
③ 엄마에게 매달리고 더욱 불안해 하고 더 많을 것을 요구하는 행동을 하게 된다.
④ 엄마는 이런 모습을 보고 혼란을 느끼며, 이때 야단을 치거나 적절한 지지와 공감을 보내지 못하면 더욱 어려움에 직면한다.

유대관계	분리 개체화 Separation Individuation
성장발달	화해 : 생후 18개월~3세

"나는 모든 일을 다 할 수 없어" 현실성을 찾는 시기이다.

① 아직 엄마가 필요하다는 사실을 알게 되며 엄마와의 관계가 회복되는(독립성이 있으면서 관계지향적) 시기이다.
② 위기를 경험함으로써 "내가 원하는 모든 것을 다 할 수 있는 것이 아니다."라는 깨달음과 창피함을 느끼고, 상처받기 쉬우며 자주 좌절하게 되는

③ 언어 습득을 통해 외부세계와 관계를 맺는 시기이다.
④ 엄마가 기지에서 대상으로 전환되며 개별화가 진전되는 시기이다.

유대관계 성장발달	**분리 개체화 Separation Individuation** 분리의 단계, 대상항상성 : 24~36개월

① 유아가 자신을 돌보는 대상과 안정된 상태로 관계를 할 수 있는
단계이다.
② 하나의 대상이 여러 가지 모습으로 경험되는 시기이다.
③ 좋은 엄마와 나쁜 엄마 모두를 수용하고 통합함으로써 안정된
상태에서 자신 고유의 개별화가 이뤄진다.

유대관계 성장발달	**분리 개체화 Separation Individuation** 한 개인의 형성 : 12개월~3세

예수께서 이르시되 어찌하여 나를 찾으셨나이까 내가 내 아버지
집에 있어야 될 줄을 알지 못하셨나이까 하시니(눅2:49)

① 아이들이 이제 막 걷기 시작할 때 유대 관계를 통해 내적 안정
감을 얻고 나면 자발적, 독립적 존재가 되고 싶은 2번째 욕구가
분출한다.
② '분리와 개체화'란 엄마와 자신을 별개의 존재로 인식하려는 욕
구이다.
③ 엄마로부터 분리되는 개체화를 이루기 전까지는 '나됨'을 결코
이룰 수 없다.

유대관계 성장발달	**분리 개체화 Separation Individuation**

분리의 단계에서 분리가 잘 이뤄지면 3세 정도에 다음과 같은 능력
을 터득한다.

① 자아의식: 홀로 서고자 하는 자유를 포기하지 않으면서 다른 사
람들에게 호의적인 감정을 가지는 능력
② 분명한 거절 의사를 보이면서도 그들의 사랑을 잃을 것 같은 두
려움에 사로잡히지 않는 능력
③ 다른 사람들의 합당한 반대 의사를 받아들이면서 감정적으로
침체되지 않는 능력

유대관계	분리 개체화 Separation Individuation
성장발달	
고착화 현상	분리가 잘 되지 않으면 일어나는 현상들

① 유아시절 아이는 충분히 자기 중심적이어야 하며
② 결핍이 채워지지 않으면 고착이 일어난다.
③ 어른이 된 뒤에도 어린 나이에 고착된 증상이 일어난다.
④ 자기중심적인 사고가 강화되면
⑤ 결과적으로 진정한 소통이 힘들고 갈등의 원인이 된다.
⑥ 차이, 즉 다른 것을 받아 들이기 힘들어진다.
⑦ 성숙하다는 것은 옳고 그름으로 평가하는 것이 아니다. 성숙함은 다른 사람의 입장을 이해할 수 있는 능력이다.

유대관계	분리 개체화 Separation Individuation
성장발달	
고착화 현상	① 오직 자아가 건강해져야 한다.

② 자신의 진정한 변화를 위해 애쓰기보다 깊은 사랑과 영혼이 없는 대화 관계를 강화하게 된다.
③ 자기도 모르게 남을 조정하려 애쓰는 관계 형성으로 생명이 흘러가지 않는 형식적인 패턴이다.
   상대방의 진정한 고통과 입장을 이해 못한다.
④ 배워서 또는 매뉴얼 식으로 되지 않는다. 오히려 자신과 상대에게 더 많은 고통을 주게 된다.

유대관계	분리 개체화 Separation Individuation
성장발달	
고착화 현상	분리가 잘 되지 않으면 일어나는 현상들

① 어린 시절 고착화되면 억압을 많이 하게 되며 결국 자신의 에너지가 분산된다.
② 정신이 몸을 장악하여 몸과 마음이 하나가 되지 않으면 자기의 수치를 가리는 데 너무 많은 에너지를 쓰게 된다.
③ 자기의 에너지를 남에게도 지나치게 쓰는 사람을 동반 의존이라고 한다.
④ 자아가 건강해야 균형 있게 에너지를 쓰고 변화에 잘 적응한다.

유대관계 성장발달 고착화 현상	**분리 개체화 Separation individuation** 자기에게 집착하는 사람은 인정과 칭찬이 필요한 사람들이다. 자아 가 취약하기 때문에 그러한 성격을 가진다.

① 자녀에게 집착하는 이유는 결국 자기 어머니에게 인정 받으려
   는 또 다른 행위이다.
② 자아가 취약한 사람들은 은혜를 받으면 받은 것에만 초점을 둔
   다. 마치 자신이 신의 메신저인 것처럼 행동한다.
③ 예수님! 그 겸손한 사랑을 보라! 어디서나 낮은 모습으로 섬기
   는 그의 모습은 건강한 자아가 주님을 만날 때 나올 수 있다. 매
   뉴얼이나 방법론이 아니다.
④ 자기에게 집착하는 사람은 마음 깊이 인정과 칭찬이 필요한 사
   람들이다. 자신을 속이지 말라!

유대관계 성장발달 방어	**분리 개체화 Separation Individuation** 자신이 취약하면 강하게 방어한다.

① 취약하면 자신이 깨어질 것 같은 두려움이 있기 때문에 방어를
   많이 하게 된다.
② 깨질 것 같은 취약함때문에 칭찬과 지지, 관용이 마음을 붙여주
   는 역할을 한다.
③ 반대로 나를 판단하고 부정하는 말과 행동이 마음을 깨어지게
   하는 것이다.
④ 깨어질까 봐 두려워서 나를 판단하지 못하게 하는 오래된 습관
   이 자신을 공격하는 것이다.
⑤ 그래서 자신이 먼저 공격하는 것이다.
⑥ 또 하나의 방법은 최고의 안전, 즉 피하는 것이다.

자아분화	**자아 분화 Differentiation**

① 불안이 증가하면 반사 행동을 한다.
② 불안이 증가하면 감정 반사 행동이 늘어난다.
③ 불안에 의한 감정 반사 행동은 외부 환경에서 생존하기 위한 대
   처양식이다.
④ 불안은 사건을 경험하면서 학습된 것이다.
⑤ 부모의 불안을 아이들이 흡수한다.

유대관계	**분리 개체화 Separation Individuation**
성장발달	
고착화 현상	다른 사람은 내가 아니다.

① 당연히 다른 사람은 내가 아니다. 내가 아닌 것을 내가 어떻게 할 수는 없다.
② 인간의 건강을 대상 관계로 본다. 아무리 뛰어나도 관계(열매)를 맺지 못한다.
③ 머릿속에서는 구분이 되는데 마음속에서는 안 되는 것. (인식조차 안 되는 것도 있다)
④ 내가 원하는 대로 안되면 협의를 해야 한다. 그러나 자신은 다른 사람이 아니라는 것이 이미 마음에 숨어 있다. 자신이 원하는 방식으로 이끌어 내려 할 때 결국 갈등을 초래한다.
⑤ 순수한 내면을 가지고 풀어내야 한다.

자아분화   **자아 분화 Differentiation**

① 가족들이 서로에게 더 의존적일수록 더 불안해진다. 가족들은 아무 일이 없을 때도 걱정 등을 하면서 상상 속에서 불안을 경험한다.
② 불안이 증가하면 관계에 매여 있는 사람들은 상대방에게서 독립된 생각대로 행동할 수 없다.
③ 만성 불안은 가짜 자신을 형성하면서 감정 반사 행동을 하게 한다.
④ 만성 불안이 커질수록 분화의 수준은 떨어진다.

경계선과	성장발달을 위해 해결 능력을 어떻게 개발할 수 있는가?
성장발달	

관계의 기초 ① 인간의 가장 깊은 욕구는 어딘가에 속해 관계 안에 들어가는 것이며 영적 및 감정적 고향을 지니는 것이다.
② 하나님은 본질적으로 관계 안에 거하시며 하나님은 사랑이시라고 말하신다.
③ "사람의 독처하는 것이 좋지 못하니"라는 말씀은 관계, 즉 서로 연결되고 신뢰하며 지지해줄 외부의 다른 사람을 언급하신 것이다.

경계선과
성장발달

건강한 성장 발달

마땅히 행할 길을 아이에게 가르치라. 그리하면 늙어도 그것을 떠나지 아니하리라.

① 훌륭한 부모는 자녀를 자기가 생각하는 이상적인 인물로 만들기 위해 감정적으로 추구하지 않는다.
② [1]부모는 아이로 하여금 QH계획을 발견하고 그 목표에 도달하도록 돕는 조력자이다.
③ [1]진실만을 말하며 [2]책임감 있고 [3]자유로우며 [4]사랑이 많은 사람이 되려면 어려서부터 한계를 설정하는 것을 배워야 한다.
④ 건강한 성장을 위해 가장 중요한 시기는 유년기이다.

경계선의
기초

경계선 세우기 기초

① 우리는 관계를 맺으며 살도록 만들어졌다. 사랑의 관계는 우리 영혼의 존재 기반이다.
② 이 사랑의 관계 기반이 무너지거나 불완전하면, 건강한 성장 발달은 불가능하다.
③ 관계가 결여되어 있으면 갈등을 느끼는 순간에 어느 곳에도 의지하지 못하고 옳지 못한 선택을 내리게 되기 때문이다.
④ [1]관계를 끊어 버리든지, 또는 [2]다른 사람의 욕구를 따라 움직이는 포로가 된다.

Ego–gram(자아그램) 점검표(성인용)

| 성명 | 조 | 성별(남 · 여) | 연령 만 | 세 |

* 다음 항목에 대한 대답을 보기에서 골라 공란 □에 점수를 기입하세요.
  단 현재 하고 있는 그대로를 체크하세요.

≪보기≫	
언제나 그렇다(매우 긍정)	5
자주 그렇다(약간 긍정)	4
그저 그렇다(보통)	3
가끔 그렇다(약간 부정)	2
거의 그렇지 않다(매우 부정)	1

1. 다른 사람을 헐뜯기보다는 칭찬을 한다.
2. 사태의 흑백을 명백히 가리지 않으면 마음이 편치 않다.
3. 무슨 일을 할 때 좀처럼 결심을 할 수 없다.
4. 나는 명랑하게 행동하고 장난을 잘 친다.
5. 말이나 행동을 냉정하고 침착하게 한다.
6. 성미가 급하고 화를 잘 낸다.
7. 인정(人情)을 중요시한다.
8. 호기심이 강하고 창의적인 착상을 잘 한다.
9. 사물의 정돈을 잘 한다.
10. 농담을 하거나 익살부리기를 잘 한다.
11. 의존심이 강하다.
12. 상대의 이야기를 경청하고 공감하기를 잘 한다.
13. 상대의 부정(不正)이나 실패에 대해 엄격하다.
14. 어려움에 처해 있는 사람을 보면 도와주고 싶어 한다.
15. 숫자나 자료(Date)를 사용해서 이야기를 한다.
16. 제멋대로 말하거나 행동을 한다.
17. 후회(後悔)의 생각에 사로잡힌다.
18. 좌절감을 맛보는 경우가 많다.
19. 육하원칙(언제, 어디서, 누가…)에 따라 사리를 따지거나 설명한다.
20. 일을 능률적으로 수행한다.
21. 요령이 없고 주저주저한다.(머뭇거린다)
22. 무슨 일이나 사실에 입각해서 객관적으로 판단한다.

	CP	NP	A	FC	AC
23. 다른 사람으로부터 부탁을 받으면 거절하지 못한다.					
24. 주변 사람에게 긴장감을 준다.					
25. 봉사활동에 즐겨 참여한다.					
26. 배려나 동정심이 강하다.					
27. 신이 나면 도가 지나쳐서 실수를 한다.					
28. 타인의 장점보다 결점이 눈에 띈다.					
29. 타인의 반대에 부딪치면 자신의 생각을 바꾸고 만다.					
30. 다른 사람에게 온화하고 관대하다.					
31. 상대방의 말을 가로막고 자신의 생각으로 바꾸고 만다.					
32. 오락이나 술·음식물 등을 만족할 때까지 취한다.					
33. 계획을 세우고 나서 실행한다.					
34. 완고하고 융통성이 전혀 없다.					
35. 타인의 안색을 살핀다.					
36. 스포츠나 노래를 즐길 수 있다.					
37. 현상을 관찰·분석하고 합리적으로 의사결정을 한다.					
38. 욕심나는 것을 가지지 않고는 못 배긴다.					
39. 열등감이 심하고 자신의 감정을 참고 억제한다.					
40. 상냥하고 부드러우며 애정이 깃들어 있는 대화나 태도를 취한다.					
41. 일을 빨리 처리하는 것이 장기(長技)이다.					
42. 하고 싶은 말을 할 수가 없다.					
43. 상대방을 바보 취급하거나 멸시한다.					
44. 노는 분위기(놀이)에 저항 없이 어울린다.					
45. 눈물에 약하다.					
46. 대화에서 감정적으로 굴지 않고 이성적으로 풀어간다.					
47. 부모나 상사가 시키는 대로 한다.					
48. 「당연히…해야 한다」, 「…하지 않으면 안된다」는 식의 말투를 쓴다.					
49. 「와 –멋있다!」,「굉장하군」, 「아하!」 등의 감탄사를 잘 쓴다.					
50. 매사에 비판적이다.					
합계	CP	NP	A	FC	AC

* 당신의 Ego – Gram *

성명 :　　　　성별 : (남 · 여) 연령 : 만　세　년 월 일 작성

50											49
48											47
46											45
44											43
42											41
40											39
38											37
36											35
34											33
32											31
30											29
28											27
26											25
24											23
22											21
20											19
18											17
16											15
14											13
12											11
10											9
8											7
6											5
4											3
2											1

점수

유형

남	여	남	여	남	여	남	여	남	여
A30~50	27~50	A39~50	40~50	A36~50	35~50	A31~50	24~50	A32~50	33~50
B19~29	17~26	B29~38	30~39	B28~35	25~34	B22~30	23~33	B19~31	22~32
C1~18	1~16	C1~28	1~29	C1~27	1~24	C1~21	1~22	C1~18	1~21
「비판적 어버이」		「양육적 어버이」		「어　른」		「자유스런 어린이」		「순응한 어린이」	
CP		NP		A		FC		AC	

	성질	언어	소리·말투	자세·동작·표정·몸짓
CP	• 편견적 • 봉건적 • 비난적 • 징벌적 • 비판적 • 배타적	• 당연하지. • 격언, 속담 인용 • 이론을 내세움. • 말한대로 해라. • 못쓰겠군. • 멍청하군. • ~하지 않으면 안 된다. • 나중에 후회할걸	• 단정적 • 조소적 • 의심을 품음. • 강압적인 말투 • 도와주는 척함. • 교훈적 • 설교적 • 비난을 풍김.	• 전능자적(자신과잉) • 직접 가리킨다. • 지배적 • 잘난 척, 상사인 척 • 도전적 • 타인을 이해함. • 주먹으로 책상을 침. • 업신여김. • 깔봄. • 콧방귀를 뀜. • 특별 취급을 요구함.

NP	• 구원적
	• 응석을
	  받아줌.
	• 보호적
	• 위안
	• 배려
	• 동정
		• 해드리지요.
		• 알겠어요.
		• 쓸쓸(섭섭)하다는
		  거지요.
		• 잘되었어요.
		• 염려 말아요. ~할
		  수 있어요.
		• 불쌍하게도
		• 참 잘됐군요.
		• 힘을 내세요.
		• 맡겨 두세요.
		• 좋은 아이야.
		• 걱정 마세요.
			• 온화함.
			• 안심감을 줌.
			• 비징벌적
			• 기분을 알아주
			  는, 동정적
			• 애정이 듬뿍
			• 따뜻한
			• 부드러운
				• 손을 내밈.
				• 과보호적 태도
				• 미소를 띰.
				• 수용적
				• 어깨에 손을 얹음.
				• 배려가 가득함.
				• 돌보는 데 열중
				• 천천히 귀를 기울임.

A	• 정보 수
	  집 지향
	• 사실평
	  가적
	• 분석적
	• 객관적
	• 합리적
	• 지성적
		• 잠깐! 기다려.
		• 누가?
		• 언제?
		• 왜?
		• 얼마…
		• 어디에서?
		• ~라고 생각한다.
		• 구체적으로 말함.
		• 생각해 봅시다.
		• 나의 의견으로는
			• 차분하고 낮은
			  소리
			• 단조로움
			• 일정한 음조(흐
			  트러지지 않음)
			• 냉정
			• 상대편에게 맞춤.
			• 명료
			• 말하는 상대편은
			  내용을 잘 이해함.
				• 주의 깊게 듣는다.
				• 냉정
				• 관찰적
				• 기계적 태도
				• 안정된 자세
				• 상대편과 눈물을 마
				  주침.
				• 때로는 타산적
				• 생각을 종합함.
				• 계산되어 있음.
				• 대등한 태도

FC	•본능적 •적극적 •창조적 •직관적 •감정적 •호기심 •자발적 •행동적	•감탄사 •깨끗하다!(더럽다!) •아프다! •좋아요, 싫어요 •갖고 싶다 •부탁한다 •해줘요. •못해요. •도와줘요. •기뻐요.	•개방적 •느긋한 모양 •큰소리로 •자유 자연 •감정적 •흥분적 •밝은 •싫증나지 않는 •티없는 •즐거운 것 같은	•자유로운 감정표현 •활발 •자발적 •잘 웃음. •장난꾸러기 •유머가 풍부 •낙관적 •때로는 공상적 •이환한다 •자연스럽게 요구한다. •솔직히 응석부린다.
AC	•순응적 •감정 억제 •반항적 •소극적 •의존적 •착한아이	•곤란한데요. •~해도 좋을까요. •잘 모르겠습니다 •안 됩니다 •저 같은 사람이 •조금도 알아주지 않는다 •슬프다, 우울하다. •쓸쓸하다, 분하다. •이젠 좋아요	•소근소근 •자신이 없음. •끈덕짐. •조심스러움. •여운이 있는 반응 •물어 뜯음. •한스러움. •때로는 격분 •애처로움.	•정면으로 안 봄. •마음을 씀. •영합적 •탄식 •동정을 구함. •반항적 •겁에 질림. •주선함.(알랑거림) •침울함. •사양하지 않음. •도전적

▶ 자아 상태의 특색

P	「통제적 어버이(CP)」 (Critical or Control Parent)	「양육적 어버이(NP)」 (Nuturing Parent)
	이상(理想) 양심(良心) 정의감(正義感) 권위(權威) 도덕적(道德的) (비난 · 질책) (경제)(편견)(권력)	동정(同情) 위로(慰勞) 공감(共感) 보호(保護) 관용(寬容) (과보호) (응석받이)(묵인)(공연한 참견)
A (Adult)	지성(知性) 이성(理性) 잘 살아가기 위한 적응수단 컴퓨터 정보수집(情報蒐集) 사실에 입각한 판단 냉정한 계산 현상(現狀)의 분석 분석적 사고(分析的 思考) (과학에의 맹신) (자연 무시) (자기중심성) (물질 만능주의)	
C	「자유스런 어린이(FC)」 (Free Child)	「순응한 어린이(AC)」 (Adapted Child)
	천진난만(天眞爛漫) 자연에 따르고 순응 자유스런 감정표현 직관력(直觀力) 창조의 원인 (충동적)(제멋대로) (방약무인)(무책임)	참음 감정의 억제 타협(妥協) 신중(愼重) 타인의 기대에 따르려고 노력 착한 아이 (응석받이)(묵인)(공연한 참견) (주체성의 결여)(소극적) (자기속박)(적대감의 온존(溫存))

▶ KEO 행동 패턴 조견표

	CP	NP	A	FC	AC	
어드바이스	완벽주의를 버리고 상대의 좋은 점이나 생각을 인정하는 여유를 갖는다. 일이나 생활을 즐기도록 한다.	자신과 상대의 관계를 가능한 한 냉정하게 파악하고 참견이나 간섭을 하지 않도록 한다.	매사에 타산적으로 생각하지 말고, 자신의 감정이나 상대의 기분 등에도 눈을 돌린다.	그때의 기분이나 감정으로 행동하지 말고, 선후를 생각하도록 한다. 한번 호흡하고 행동하면 좋다.	느낀 것을 망설이지 않고 표현한다. 스스로 자신이 있는 것부터 실행해 본다.	
마이너스면	•건성으로 대답한다. •중도를 허용하지 않는다. •비판적이다. •자신의 가치관에 절대적이다.	•지나치게 보호·간섭한다. •상대의 자주성을 해친다. •상대의 응석을 받아준다.	•기계적이다. •타산적이다. •냉철하다.	•자기중심적이다. •동물적이다. •감정적이다. •일하고 싶은 대로 해 버린다.	•조심스럽다. •의존심이 강하다. •참아버리고 만다. •주저주저한다. •양심(원한)을 품는다.	높을 때 ↑
플러스면	•이상을 추구한다. •양심에 따른다. •규칙을 지킨다. •피(의기)가 통한다. •의무감, 책임감이 강한 노력가이다.	•상대에게 공감, 동정한다. •돌보기를 좋아한다. •상대를 받아들인다. •봉사정신이 풍부하다.	•이성적이다. •합리성을 존중한다. •침착하고 냉정하다. •사실에 따른다. •객관적으로 판단한다.	•천진난만하다. •호기심이 강하다. •직감력이 있다. •활발하다. •창조성이 풍부하다.	•협조성이 풍부하다. •타협성이 강하다. •착한 아이이다. •순종한다. •신중하다.	
	CP	NP	A	FC	AC	
플러스면	•천성이 대범하고 유연하다. •융통성이 있다. •일정한 틀로 파악할 수 없다. •유연함이 있다. •한가롭고 평온하다.	•산뜻하다. •담백하다. •주변에서 일어나는 일에 간섭하지 않는다.	•인간미가 있다. •좋은 사람이다. •순박하다.	•얌전하다. •감정적으로 되지 않는다.	•자신의 페이스를 지킨다. •자주성이 풍부하다. •적극적이다.	↓ 낮을 때

마이너스면	•미적지근하다(미온적이다). •구분이 불분명하다. •판단력이 모자라다. •규율을 지키지 않는다.	•상대에게 공감, 동정하지 않는다. •다른 사람의 일에 마음 쓰지 않는다. •따뜻함이 없다.	•현실 무시 •계획성이 없다. •생각이 정돈되어 있지 않다. •논리성이 모자라다. •판단력이 모자라다.	•재미가 없다. •어두운 인상을 준다. •무표정하다. •희로애락을 나타내지 않는다.	•상대가 말하는 것을 듣지 않는다. •일방적이다. •접근하기 어렵다는 인상을 준다.
어드바이스	자기 자신에게 의무를 부여하고 책임을 갖고 행동하도록 한다. 사물의 구분을 중요시한다. 판단력을 기른다.	가능한 한 상대에게 동정심을 갖도록 노력한다. 가족이나 친구에게 서비스를 한다. 동물을 돌봐준다.	정보를 수집하고 다양한 각도에서 사물을 생각한다. 잘 되어 가지 않아도 스스로 답을 풀고 나서 다른 사람에게 상담하도록 한다.	마음의 문을 닫아버리지 않도록 될 수 있는 한 명랑하게 행동하며 기분을 돋운다. 스포츠, 여행, 외식을 하러 가는 것도 좋다.	상대의 입장으로 생각하거나 상대의 의견을 듣는다. 상대의 입장을 세워주고 존중한다. 타인을 우선하는 태도를 몸에 붙인다.

역기능 가정 검사

다음은 어릴 때 성장한 원가족에 대한 검사이다. 검사를 한 차례 실시한 후, 배우자의 원가족이나 현가족에 대해 한 번 더 답해 보는 것도 좋다.

(거의 경험한 적이 없다 = 0, 가끔 경험한 적이 있다 = 1, 자주 경험한 적이 있다 = 2)

순번	질문	0	1	2
1	문제가 있을 때 우리 가족은 그것에 대해 대화하기보다 고함을 지르거나 소리를 지르는 방식으로 해결하려 했다.			
2	가족 구성원들은 서로에게 도움을 요청하기를 싫어했다.			
3	나의 부모님(두 분 또는 한 분)은 내게 사랑한다고 표현하지 않았다.			
4	나는 어렸을 때 훈계 받는 방식에 대해 발언권이 없었다.			
5	훈계나 행동에 관한 규칙들은 전혀 존재하지 않았거나 자주 바뀌었다.			
6	우리 가족은 함께한다는 공동체 의식이 없이 제각기 따로따로 행동했다.			
7	우리 가족 중에는 침묵하거나 토라짐으로써 다른 식구들을 통제하거나 처벌하는 사람이 있었다.			
8	우리 집에서는 좀처럼 감정에 대해 말하지 않았다.			
9	우리는 어떤 일들을 가족 단위로 하지 않았다.			
10	나는 가족들에게 내 느낌을 표현할 수 없었다.			
11	우리는 서로에 대해 오해하고 있었으며 분명하게 의사소통할 수가 없었다.			
12	식구들 간에 따뜻한 감정은 회피되거나 억제되었다.			
13	가족 구성원들은 서로에 대해 좋지 않은 감정을 가지고 있었다.			
14	가족들은 긴장해있고 화가 나있었기 때문에 나는 집에 들어가기가 좋지 않았다.			
15	집에서의 훈계는 지나친 편이었다. 그리고 다른 사람들보다 더 심하게 벌을 받는다고 느꼈다.			

* 채점 기준
0~5 : 이상적 순기능 가정
6~10 : 정상적 가정
11~15 : 역기능이 다소 있는 가정
16~20 : 역기능이 다소 많은 가정
21~30 : 고도의 역기능 가정(상담이 시급)

가족 규칙 검사

* 다음 문항을 읽고 자신에게 해당하는 가족 규칙 항목에 점수를 표시하시오.

(1-그렇게 하지 않아도 된다. 2-대체로 그렇게 하지 않아도 된다. 3-중간이다. 4-대체로 그렇게 해야 한다. 5-반드시 그렇게 해야 한다)

순번	규칙	1	2	3	4	5
1	모든 가족 행사에 참석하여야 한다.					
2	한 번 약속한 것은 반드시 지켜야 한다.					
3	항상 성실하고 최선을 다해야 한다.					
4	사치는 나쁘기 때문에 검소해야 한다.					
5	근검절약하여 미래를 위해 준비해야 한다.					
6	성(性)에 대해 말하거나 알려고 해서는 안 된다.					
7	남자는 말을 아껴야 한다.					
8	여자는 목소리가 커서는 안 된다.					
9	여자는 남자의 의견에 반대해서는 안 된다.					
10	집안일은 여자의 몫이다.					
11	자녀양육은 엄마가 책임져야 한다.					
12	장남과 장녀는 장남과 장녀 노릇을 해야 한다.					
13	어른의 잘못을 지적하거나 불평해서는 안 된다.					
14	아랫사람은 윗사람에게 복종해야 한다.					
15	어른에게 말대꾸해서는 안 된다.					
16	말을 많이 해서는 안 된다.					
17	남에게 싫은 말을 해서는 안 된다.					
18	원하는 것을 요구하기보다 해줄 때까지 기다린다.					
19	남의 흉을 봐서는 안 된다.					
20	감정, 특히 부정적인 감정을 표현해서는 안 된다.					
21	집안일을 밖에서 말해서는 안 된다.					
22	식구들 사이에 갈등이 있어서는 안 된다.					
23	형제끼리 싸워서는 안 된다.					
24	자기 자랑을 해서는 안 된다.					
25	실수해서는 안 된다.					
26	가문에 먹칠을 해서는 안 된다.					

27	잘못하면 반드시 벌을 받아야 한다.				
28	부모에게 반드시 효를 행해야 한다.				
29	남자는 울어서는 안 된다.				
30	어른에게 걱정을 끼쳐서는 안 된다.				
31	부모 마음이 불편하면 자식이 풀어 드려야 한다.				
32	부모의 판단이 가장 옳기 때문에 부모의 의견에 따라야만 한다.				
33	거짓말을 해서는 안 된다.				
34	그 외 적어보기				

◆ 점수가 낮은 문항이 많을수록 가족 규칙의 수가 적다고 볼 수 있는데 이런 가족은 자유로운 가족도 될 수 있으나 지나치게 방임적인 가족이 될 수도 있다.

◆ 점수가 높은 문항은 규칙의 변화가 필요하고 점수가 높은 문항의 수가 많을수록 가족체계가 경직되어 있을 가능성이 높다.

◆ 이러한 규칙들을 종합하여 살펴보면 자신이 지나치게 경직되게 살고 있는 영역을 확인할 수 있다.

가족 규칙 Family Rule

가족 구성원이 서로의 행동을 규정하고 제한하는 관계상의 상호 기대를 말한다. 가족 규칙은 가족 구성원의 경험, 그 가족의 전통 혹은 문화, 가족의 적응 노력 등 여러 가지 많은 요인에 의해 형성되기 때문에 가족마다 서로 다르다. 예를 들면 어떤 가족 구성원은 애정을 겉으로 표현해서는 안 된다는 분위기를 지니고 있는 것처럼, 가족 규칙이란 가족 내의 규칙적인 행동에 대한 상호기대와 반복적인 행동패턴이라고 할 수 있다. 그러나 가족 구성원이 이 규칙에 대하여 명확히 알지 못하고 각 규칙의 의미에 대해 모두가 동의하지 않을 수도 있다. 사티어는 가족 규칙의 주된 영역을 다음과 같이 설명하였다.

1. 보고 들은 것을 말할 수 있는가? 두려움, 절망감, 분노, 위로 받고자 하는 욕구 등을 표현할 수 있는가?
2. 가족 내에서 가족 구성원이 이야기할 수 있는 대상은 누구인가?
3. 메시지를 이해할 수 없을 때 어떻게 질문할 수 있는가?
4. 가족 구성원은 이해하지 못하는 것을 명확하게 말해 달라고 요청할 수 있는가?

유연한 가족 규칙을 정하는 방법
1. '해야 한다'를 '할 수 있다'로 바꾼다. **예** 어른들에게 말대꾸해서는 안 된다. → 때로는 어른들에게 말대꾸할 수 있다. (의문점이 있을 때, 받아들이기 어려운 요구일 때, 모순된 점이 있을 때)
2. '절대로'를 '때때로'로 바꾼다. **예** 화를 내면 안 된다. → 때때로 화를 낼 수 있다. (부당한 일을 당할 때, 무시하는 말을 들을 때, 내 의견이 존중되지 않을 때)
3. '할 수 있다'를 3개 이상의 가능성으로 확장한다. **예** 이기적이면 안 된다. → 때로는 이기적이 될 수 있다. (자신의 필요와 욕구를 돌봐야 할 때, 지쳐있을 때, 우선순위가 뒤바뀌어 있을 때)

의사소통 유형 검사

– 사티어 –

다음 글을 읽고 자신에게 해당되는 문항에 V 표 하시오.

질문	유형				
	A	B	C	D	E
1. 나는 상대방이 불편해 보이면 비위를 맞추려고 한다.					
2. 나는 일이 잘못되었을 때 자주 상대방의 탓으로 돌린다.					
3. 나는 무슨 일이든지 자주 상대방의 탓으로 돌린다.					
4. 나는 생각이 자주 바뀌고 동시에 여러 가지 행동을 하는 편이다.					
5. 나는 타인의 평가에 구애 받지 않고 내 의견을 말한다.					
6. 나는 관계나 일이 잘못 되었을 때 자주 내 탓으로 돌린다.					
7. 나는 다른 사람들의 의견을 무시하고 내 의견을 주장하는 편이다.					
8. 나는 이성적이며 차분하고 냉정하게 생각한다.					
9. 나는 다른 사람들로부터 정신이 없거나 산만하다는 소리를 듣는다.					
10. 나는 부정적인 감정도 솔직하게 표현한다.					
11. 나는 지나치게 남을 의식해서 나의 생각이나 감정을 표현하는 것을 두려워한다.					
12. 나는 내 의견이 받아들여지지 않으면 화가 나서 언성을 높인다.					
13. 나는 나의 견해를 분명하게 표현하기 위해 객관적인 자료를 자주 인용한다.					
14. 나는 상황에 적절하지 못한 말이나 행동을 자주 하고 딴전을 자주 피우는 편이다.					
15. 나는 다른 사람들이 내게 부탁을 할 때 내가 원하지 않으면 거절한다.					
16. 나는 사람들의 얼굴 표정, 감정, 말투에 신경을 많이 쓴다.					
17. 나는 타인의 결점이나 잘못을 잘 찾아내어 비판한다.					
18. 나는 실수하지 않으려고 애를 쓰는 편이다.					
19. 나는 곤란하거나 난처할 때는 농담이나 유머로 그 상황을 바꾸려고 하는 편이다.					

20. 나는 나 자신에 대해 편안하게 느낀다.					
21. 나는 타인을 배려하고 잘 돌보아 주는 편이다.					
22. 나는 명령적이고 지시적인 말투를 써서 상대가 공격받았다는 느낌을 줄 때가 있다.					
23. 나는 불편한 상황을 그대로 넘기지 못하고 시시비비를 따지는 편이다.					
24. 나는 불편한 상황에서는 안절부절못하거나 가만히 있지를 못한다.					
25. 나는 모험하는 것을 두려워하지 않는다.					
26. 나는 다른 사람들이 나를 싫어할까 두려워서 위축되거나 불안을 느낄 때가 많다.					
27. 나는 사소한 일에도 잘 흥분하거나 화를 낸다.					
28. 나는 현명하고 침착하지만 냉정하다는 말을 자주 듣는다.					
29. 나는 한 주제에 집중하기보다는 화제를 자주 바꾼다.					
30. 나는 다양한 경험에 개방적이다.					
31. 나는 타인의 요청을 거절하지 못하는 편이다.					
32. 나는 자주 근육이 긴장되고 목이 뻣뻣하며 혈압이 오르는 것을 느끼곤 한다.					
33. 나는 나의 감정을 표현하는 것이 힘들고 혼자인 느낌이 들 때가 많다.					
34. 나는 분위기가 침체되거나 지루해지면 분위기를 바꾸려 한다.					
35. 나는 나만의 독특한 개성을 존중한다.					
36. 나는 내 자신이 가치가 없는 것 같아 우울하게 느껴질 때가 많다.					
37. 나는 타인으로부터 비판적이라거나 융통성이 없다는 말을 듣기도 한다.					
38. 나는 목소리가 단조롭고 무표정하며 경직된 자세를 취하는 편이다.					
39. 나는 불안하며 호흡이 고르지 못하고 머리가 어지러운 경험을 하기도 한다.					
40. 나는 누가 나의 의견에 반대하여도 감정이 상하지 않는다.					
합계 (같은 항목별로 더함)					

〈검사 결과 내용〉

회유형(A) : 자아가 약하여 상대방의 의견에 동의하지 않을지라도 동의하는 시늉을
하고 항상 자신의 욕구보다는 상대방의 욕구에 맞추어 대화를 한다. 다른 사람을 배
려하는 마음과 기쁘게 하려는 마음이 강하다. 타인의 사랑과 인정을 받고 타인에게
수용되기 위하여 자신을 무시하는 성향을 가지고 있으며 자신을 낮추고 상대방을 만
족시키려는 행동을 한다. 이런 사람들은 감정적으로 매우 여리고 인정이 많으며 대체
로 갈등을 회피하고 타인으로부터 받은 상처나 분노를 감춘다. 표면적으로는 만족한
듯이 행동하나 내면적으로는 당연시되거나 소홀히 취급 당하는 것에 대해 분개한다.
이들의 자원은 돌봄, 양육적임과 예민성이다.

비난형(B) : 자신을 강하게 보이기 위해서 타인을 공격하고 비난한다. 자신이 다른 사
람들보다 우월하다는 것을 보여 주기 위해 타인의 말이나 행동을 인정하는 대신 비난
하고 통제한다. 이런 사람들은 타인을 무시하며 자기와 상황을 중요하게 여긴다. 또한
다른 사람들이 자기를 가치 있게 생각하고 인정한다는 것을 행동으로 표현해 주기를
바라며 요구가 많고 화가 난 듯이 행동한다. 그러나 내면적으로는 자신이 외롭고 이
해 받지 못한다는 느낌을 가지고 있다. 이들의 자원은 주장성, 지도력, 그리고 에너지
이다.

초이성형(C) : 자신의 감정에 민감하기보다는 모든 것을 이성적으로 이해하려는 태도
이다. 서로에게 답답한 벽을 느끼게 만든다. 스트레스 상황에서 합리적인 수준을 고수
하면서 자기와 타인의 감정을 무시하고 상황만을 중시한다. 표면적으로는 무감각하
고 무심하게 행동한다. 그러나 내면적으로는 쉽게 감정에 휘말리고 불안해하며 두려
워한다. 이들의 자원은 지성, 세부사항에 대한 주의집중과 문제해결능력이다.

주의산만형(D) : 대화에 일관성이 없으며 대화 중 산만하게 다른 주제를 꺼낸다든지
다른 행동을 하여 대화에 집중하지 못한다. 스트레스 상황에서 내적인 고통을 두려워
하고 외적으로는 다른 사람들과 연결되는 것을 어려워하여 자신의 내면과 역동과 외
부와의 연결을 피하고자 한다. 즉 자기, 타인, 상황을 모두 무시하기 때문에 접촉하기
가 가장 어렵다. 표면적으로 이런 사람들은 집중하기를 어려워하고 마치 광대와 같이
행동한다. 보통 이런 사람과 의미 있는 깊은 수준에서 관계 맺기 어렵다.

일치형(E) : 감정과 대화의 내용이 일치하여 상대방에게 명확하며 일관된 메시지를
전달한다. 의사소통의 내용과 내면의 감정이 일치하는 것을 말한다. 매우 진솔한 의
사소통을 하며 알아차린 감정을 단어로 정확하고 적절하게 표현한다. 매우 생동적이
고 창조적이며 독특하고 유능한 행동양식을 보인다. 일치적으로 반응한다는 것은 다
른 사람이나 상황을 조정하거나 자신을 방어하며 다른 사람을 무시하려는 목적이 있
는 것이 아니라, 진정으로 자기 자신이 되어 다른 사람과 관계를 갖고 접촉하며 직접
적으로 사람과 연결을 맺는 것을 의미한다. 일치형의 사람은 높은 자기 가치감을 가
지고 있으며 심리적으로나 신체적으로 건강한 상태에 있다. 일치형의 자원은 높은 자
아존중감이다.

가족 역할 검사

다음 해당하는 항목에 ○를 하고, 합계를 하시오.

역할	질문	○
영웅	나는 다른 사람들에게 도움을 주기를 좋아한다.	
	나는 책임감이 매우 강하다.	
	어떤 일이든 올바르게 하는 것이 내게는 중요하다.	
	사람들은 종종 내가 어떻게 그렇게 많은 일을 할 수 있는지 의아해 한다.	
	나는 매우 높은 가치 기준을 지니고 있다.	
	사람들은 나를 완벽주의자라고 말한다.	
	일이 잘못되었을 때 나는 종종 죄책감을 느낀다.	
	나는 남으로부터 칭찬 받는 것을 어려워한다.	
	나는 종종 내가 해야 하는 것 이상으로 나를 몰아갈 때가 있다.	
	나는 어떠한 일이든 실수(실패)하는 것을 싫어한다.	
합계		

역할	질문	○
미아	나는 갈등(분쟁)을 좋아하지 않는다.	
	나는 갈등(분쟁)을 피하기 위해 상대방과 사이 좋게 지낸다.	
	팽팽한 긴장감이 있을 때 피할 방법들을 찾는다.	
	사람들은 나를 소극적이고 조용한 편이라고 한다.	
	나는 나 자신을 외로운 사람이라고 여기고 나 자신을 독립적인 사람으로 평가한다.	
	나는 나 자신을 별로 중요치 않게 생각한다.	
	나는 종종 몽상이나 환상을 갖곤 한다.	
	나는 종종 외로움을 느낀다.	
	나는 종종 다른 사람들이 원하는 것을 해야 한다고 느낄 때가 있다.	
	나는 내가 필요로 하는 것을 요구하기가 어렵다.	
합계		

역할	질문	O
미아	나는 갈등(분쟁)을 좋아하지 않는다.	
	나는 갈등(분쟁)을 피하기 위해 상대방과 사이 좋게 지낸다.	
	팽팽한 긴장감이 있을 때 피할 방법들을 찾는다.	
	사람들은 나를 소극적이고 조용한 편이라고 한다.	
	나는 나 자신을 외로운 사람이라고 여기고 독립적인 사람으로 평가한다.	
	나는 나 자신을 별로 중요치 않게 생각한다.	
	나는 종종 몽상이나 환상을 갖곤 한다.	
	나는 종종 외로움을 느낀다.	
	나는 종종 다른 사람들이 원하는 것을 해야 한다고 느낄 때가 있다.	
	나는 내가 필요로 하는 것을 요구하기가 어렵다.	
	합계	

역할	질문	O
마스코트	즐겁고 재미있는 시간을 갖는 것이 중요하다.	
	나는 많은 에너지를 소유한 사람이다.	
	나는 사람들에게 둘러싸여 함께 있기를 좋아한다.	
	나는 일행 중에 가장 인기 있는 사람이라는 이야기를 듣는다.	
	대립감(긴장감)을 느낄 때 유머로 그 순간을 호전시키고자 한다.	
	약속이나 책임(위임) 같은 용어는 내게 부담스러운 느낌을 준다.	
	나는 너무 심각하고 진지한 것을 좋아하지 않는다.	
	나는 진정한 내 모습을 사람들에게 알리지 않는다.	
	나는 때때로 내가 진정 누구인지 의심스러울 때가 있다.	
	나는 갈등(분쟁)하는 것을 좋아하지 않는다.	
	합계	

역할	질문	O
희생양	나는 자기중심적이다.	
	나는 종종 화를 잘 낸다.	
	삶(인생)은 내게 불공평한 것 같다.	
	나는 사람들과 친밀감을 가지는 것이 어렵다.	
	언제나 어떤 사람이 나를 짓누르려고 하는 것 같다.	
	나는 고집스럽다는 말을 듣는다.	
	내가 생각한 방식대로 일을 처리하길 좋아한다.	
	나는 나에게 무엇을 하라고 말하는 사람을 좋아하지 않는다.	
	나는 강한 리더일지는 모르지만 잘못된 방향으로 이끌고 갈 수 있다.	
	사람들은 끊임없이 나의 결점을 잡고 잘못되어 가는 일에 대해 나를 비난한다.	
	합계	

가장 높은 점수가 나온 것이 주된 1차적 역할, 그 다음 높은 점수가 나온 유형이 2차적 역할일 가능성이 높다.

성인아이 검사

이 질문지는 윗필드(Whitfield)가 개발한 검사지를 이인출(1997)이 우리 문화에 맞게 번역한 것이다.

(1. 전혀 그렇지 않다. 2. 그렇지 않다. 3. 그저 그렇다. 4. 그런 편이다. 5. 매우 그렇다)

번호	문항 내용	1	2	3	4	5
1	당신은 다른 사람이 인정해주거나 칭찬해 주기를 바랍니까?					
2	내가 결정하고 해결한 일에 대해서 스스로 만족하지 못합니까?					
3	당신은 다른 사람의 비판을 두려워합니까? 비판에 대해서 민감하게 반응합니까?					
4	당신의 말에 과장된 표현이 많습니까? 예) 모두가 다 그래, 거의 틀림없어, 분명히 그래					

5	당신은 자신의 충동적인 태도에 대하여 문제가 있다고 느낀 적이 있습니까? 예) 갑자기 화를 낸다, 충동적으로 쇼핑한다, 충동적으로 결정한다.				
6	당신은 완벽한 일처리의 필요성을 느낍니까? 앞으로는 이번보다 좀 더 완벽하게 일 처리를 해야 되겠다고 생각하십니까?				
7	당신은 모든 것이 잘 되어갈 때 오히려 불안을 느낀 적이 있습니까? 언제나 어떤 사건이 터질 것 같은 예감이 듭니까?				
8	당신은 어려움에 처해 있을 때 더욱 생동감을 느낍니까? 위기에 처해 있을 때에 더욱 활력을 느낍니까?				
9	나의 필요를 채우기보다는 다른 사람에게 도움을 주는 것이 더 쉽다고 생각합니까?				
10	당신은 스스로 다른 사람으로부터 고립되고자 합니까?				
11	당신은 상관이나 윗사람, 화난 사람을 만날 때면 왠지 불안해집니까?				
12	다른 사람이나 사회가 당신을 이용해 먹는다고 느끼십니까?				
13	당신은 다른 사람과 친밀한 관계를 맺는 일에 어려움을 느낍니까?				
14	당신은 충동적인 사람에게 매력을 느낍니까?				
15	당신은 혼자 있다는 사실이 두려워 다른 사람들과 어울리려고 애씁니까?				
16	당신은 종종 당신이 느끼는 감정과 다른 사람들이 표현하는 감정을 불쾌하게 느낍니까?				
17	자신의 감정을 다른 사람에게 정확히 표현하는 것이 어렵습니까?				
18	통제력의 상실에 대하여 두려움을 가지고 있습니까?				
19	당신 자신의 감정들에 대한 두려움을 가지고 있습니까?				
20	갈등과 비판에 대하여 두려움을 가지고 있습니까?				
21	거부당하고 버림 받을까 봐 두려움을 가지고 있습니까?				
22	실패자가 될까 봐 두려움을 가지고 있습니까?				
23	당신은 편안히 있거나 즐거운 시간을 가질 때 불안한 느낌을 갖습니까?				
24	당신은 개인적으로든 또는 어떤 일을 통해서든 성취한 후에 만족감을 느끼지 못합니까?				

25	당신은 먹거나, 일하거나, 술을 마시거나, 약물을 복용하거나, 흥분될 만한 어떤 일들을 충동적으로 합니까?				
26	당신은 상담이나 정신치료를 받은 적이 있음에도 불구하고 여전히 "무언가"가 잘못되거나, 빠져 있다는 느낌을 가지고 있습니까?				
27	당신은 자주 무감각한 느낌이나 텅 빈 느낌, 또는 슬픈 느낌을 갖습니까?				
28	당신은 다른 사람을 신뢰하기가 어렵습니까?				
29	당신은 어떤 일이나 사람에 대해 필요 이상으로 책임감을 느낍니까?				
30	당신은 죄책감, 부적합하다는 느낌, 또는 낮은 자존감을 갖습니까?				
31	당신은 만성적인 피곤, 통증 또는 고통을 느끼는 경향이 있습니까?				
32	당신의 부모들이나, 친척들과 함께 몇 시간 이상 장시간을 함께 보내는 것이 당신에게 어려움을 줍니까?				
33	사람들이 당신의 느낌에 대하여 물을 때 어떻게 대답해야 할지 막연합니까?				
34	당신은 당신이 어렸을 때 부당한 대접을 받았거나 학대를 당했거나 방치되었던 것이 아닌지 의심을 해 본 적이 있습니까?				
35	당신은 다른 사람에게 당신이 원하는 것이 무엇인지 말하기 어렵습니까?				

이 진단 검사지로 측정하여 얻은 점수에 따라 성인아이의 특징을 현저히 드러내는 상위 25%에 해당되는 사람은 성인아이, 하위 25%에 해당하는 사람을 정상적이라고 조작적으로 정의하였다.

(우경아, 「역기능 가정의 성인아이를 위한 전인치유 모델 개발」 (호남신학대학교 기독교 상담대학원 석사학위 논문, 2001)

자아존중감 검사

이름 : _____   성별/나이 : _____

평가일 : _____   평가자 : _____

1 = 전혀 아니다. 2 = 대체로 아니다. 3 = 보통이다. 4 = 그렇다. 5 = 매우 그렇다.

번호	문항	점수				
		1	2	3	4	5
1	외로울 때 속마음을 나눌 친구가 있다.					
2	다른 사람이 해내는 일이라면 나는 그보다 더 잘 할 수 있다고 믿는다.					
3	나의 성별에 대한 불만이 없다.					
4	나를 알고 있는 대부분의 사람들이 나에게 호감을 가지고 있거나 나에 대한 긍정적인 평가를 내리고 있다고 생각한다.					
5	다른 사람의 칭찬을 크게 필요로 하지 않는다.					
6	나는 내 외모에 자신감이 있으며 남보다 잘생겼다고(예쁘다고) 생각한다.					
7	다른 사람의 비판을 상처받지 않고 잘 받아들이는 편이다.					
8	나는 공개적으로 내 실수를 인정하는 편이다.					
9	소위 잘나가는 사람들을 보면 부러움과 질투보다는 '나도 그렇게 될 수 있다'는 생각을 먼저 한다.					
10	처음 보는 사람 앞에서 쉽게 주눅들지 않는다.					
11	나는 현재 다른 사람들보다 행복한 삶을 살고 있다고 생각한다.					
12	나는 웬만해서는 투덜대거나 화를 내지 않는다.					
13	일을 할 때 대체로 주도권을 잡고 진행하는 편이다.					
14	내가 의견을 내거나 말을 하면 다른 사람들이 주의 깊게 듣는 편이다.					
15	나의 감정이나 생각하는 바를 언제나 분명히 표현할 수 있다.					
16	주변 사람들로부터 긍정적이고 활기찬 성격이라는 말을 자주 듣는다.					

17	여가 시간에는 혼자 지내기보다는 다른 사람들과 어울려 야외 활동을 하거나 새로운 것을 찾아 다니는 편이다.			
18	낯선 사람에게 길을 물어볼 때 주저하지 않고 바로 다가가 물어 본다.			
19	누군가 내 의견에 대해 부정을 하거나 반대를 하더라도 스스로 옳다고 생각하면 꿋꿋이 실행하는 편이다.			
20	지금껏 세워 왔던 목표나 목적을 대체로 달성하면서 살아 왔다고 생각한다.			
총점				

〈자존감 지수 채점 방법〉

70점 이상 – A 타입 : 스스로 온전히 사랑할 줄 아는 당신은 자존감이 높은 사람이다.

50 ~ 69점 – B 타입 : 당신은 최근 일어나는 문제와 실수 때문에 스스로의 능력을 의심하고 있다.

30 ~ 49점 – C 타입 : 자신이 하고 있는 일이나 상황들이 주변 사람들에 비해 형편없다고 생각하고 있다. 현재의 모습에서 탈피하기 위해 자신의 모습을 되돌아보자.

30점 미만 – D 타입 : 자신감이 매우 결여되어 있고 자신의 모습에 애정을 느끼지 못한다.

불안지수 검사

이름 : _____   성별/나이 : _____

평가일 : _____   평가자 : _____

0=거의 경험하지 않는다. 1=가끔 경험하지만 별 문제 아니다. 2=종종 경험하지만 내
게 약간 문제가 된다. 3=종종 경험하고 내게 문제가 된다. 4=대부분의 경우 이것을
경험한다.

번호	문항	점수				
		1	2	3	4	5
1	나는 어지럼증이 있다.					
2	내 위장이 꼬이는 것 같다.					
3	구역질이 난다.					
4	때때로 호흡이 어렵고 창가에 가서 바람을 쐬어야 한다.					
5	고도가 높거나 밀폐된 공간이 두렵다.					
6	오랫동안 혼자 있을 수 있다.					
7	집에서 멀리 갈 수 없다.					
8	잠자기가 어렵다.					
9	일찍 잠이 깨고 다시 잠들 수 없다.					
10	진정이 안되고 안절부절못한다.					
11	자신이 없고 미래가 두렵다.					
12	죽는 것이 두렵다.					
13	생각이 마구 날뛰고 통제가 안 된다.					
14	두려움에 사로잡힐 때가 있다.					
15	군중이나 공공장소를 피한다.					
16	때로 심장병 증세를 느낀다.					
17	내장이 흔들리거나 초조함을 느낀다.					
18	진정제나 항우울제를 사용한다.					
19	몸과 피부에 이상한 감각을 느낀다.					
20	편히 쉬거나 아무 일도 안 하는 것이 어렵다.					
	총점					

〈불안 지수 측정 방법〉

각 질문을 읽고 위의 0~4 중에서 골라 점수를 매긴다. 설문을 끝내고 점수를 합산해서 총점을 기록하라. 총점은 80에서부터 0까지 나올 수 있다. 총점이 0인 사람은 아무도 없다. 죽은 사람만이 염려가 없기 때문이다. 점수가 어떤 의미를 갖는지는 아래와 같다.

0 ~ 15 염려가 별로 없다.
16 ~ 25 염려가 다소 증가했다.
26 ~ 60 염려가 꽤 증가했다.
61 ~ 80 염려가 심하게 증가했다.

From OVERCOMING ANXIETY, Word Publishing, Dallas, 1989, By Archibald Hart. Ph. D

자아분화척도

※ 다음은 당신의 전반적인 행동, 경험 및 의견에 관한 문항이다. 당신의 생각을 가장 잘 설명한다고 생각하는 곳에 V표 하시오.

(1. 전혀 그렇지 않다 2. 그렇지 않다 3. 그저 그렇다 4. 그런 편이다 5. 매우 그렇다)

Ⅰ. 정신 내적 분화	1	2	3	4	5
1. 나는 차근차근 따져 생각하기보다 느낌과 감정에 따라 행동한다.					
2. 나는 어려움에 직면해도 주의 깊게 생각한 뒤 신중하게 처신한다.					
3. 나는 중요한 결정을 즉흥적으로 결정할 때가 많다.					
4. 나는 사람들에게 물부터 해 놓고, 나중에 가서 후회하는 일이 많다.					
5. 나는 멀리 내다보는 장기적 목표는 잘 세우지 못한다.					
6. 나는 내 감정을 잘 통제한다.					
7. 나는 화가 나면 물불을 가리지 않고 행동한다.					
8. 나는 우유부단하여 결정을 잘 내리지 못한다.					
9. 나는 마음이 잘 변한다.					
10. 나는 충동적인 감정을 쉽게 억제할 수 있다.					
11. 나는 어느 정도 일에 대해서 먼저 생각해 보지도 않고 무작정 시작한다.					
12. 나는 화를 잘 낸다.					

13. 나는 남의 조그마한 비판에도 마음이 잘 상한다.					
14. 나의 말이나 의견이 남에게 비판을 받으면 잘 바꾸는 편이다.					
총점	(/ 70)				

II. 대인 관계적 분화

	1	2	3	4	5
1. 내 의견이 친구나 주위 사람과 같아야 안심이 된다.					
2. 내 의견이 주위 사람과 상충되면 마음이 편치 못하다.					
3. 가족 간에는 의견이 일치하지 않을 때에도 기분이 상하지 않는다.					
4. 나는 부모님과 의견이 일치하지 않을 때에도 기분이 상하지 않는다.					
5. 나는 지금도 내 생각과 결정에 대해 부모님의 인정을 받고 싶어 한다.					
6. 나는 내 생각과 결정에 대해 남편이 항상 인정해 주기를 바란다.					
7. 부부간에는 항상 의견이 일치해야 한다고 생각한다.					
8. 나는 대부분의 경우, 남편과 의견이 일치하지 않으면 감정이 격해지곤 한다.					
9. 나는 화가 나면 누군가를 만나 털어놓아야 직성이 풀린다.					
10. 나는 화가 나면 혼자 해결하지 못하고 누군가가 해결해 주기를 바란다.					
총점	(/ 55)				

III. 삼각관계 형성

	1	2	3	4	5
1. 부모님끼리 싸우면 어머니(또는 아버지)는 나에게 동정을 구하고는 하였다.					
2. 부모님끼리 싸우면 어머니(또는 아버지)는 나에게 상대방에 대한 불평을 털어놓곤 하였다.					
3. 부모님끼리 싸우면 그 문제를 내가 해결해 주기를 은근히 바라셨다.					
4. 부모님과 떨어져 살면 대단히 목이 뻣뻣해지며 혈압이 오르는 것을 느끼곤 했다.					
5. 나는 집에 있어도 외로움을 느꼈다.					
6. 나는 우리 가정이 싫어서 빨리 결혼하여 새 출발을 하고 싶어 했다.					
7. 나는 부모님 슬하에서 뛰쳐나와 하루빨리 독립했으면 하는 생각이 들고는 했다.					

8. 부모님과 자주 다투기보다는 안 보는 것이 상책이라 생각했다.				
9. 나는 부모님과 별로 대화를 나누고 싶지 않았다.				
10. 나는 자라면서 집을 나가고 싶은 충동을 많이 느껴 왔다.				
11. 나는 부모님에게 항상 고마운 마음이 들었다.				
12. 나는 부모님과 의견이 달라도 항상 그분들을 존경했다.				
13. 나는 바깥에서 일어난 일에 대해 부모님과 잘 상의하였다.				
14. 나는 가족과 함께 있어도 남 같은 생각이 들 때가 있었다.				
15. 내가 어릴 때 우리 집보다 더 편한 느낌이 드는 집이 있었다.				
16. 나는 어릴 때 차라리 다른 집에서 태어났으면 하는 생각이 들곤 했다.				
17. 나는 나의 부모님이 다른 유형의 부모님이었으면 하고 바란 적이 있다.				
18. 나의 부모님은 나를 어려운 처지에 빠뜨리는 일을 많이 하셨다.				
19. 나는 부모님이 나를 정말로 사랑하는 마음이 있는지 의심될 때가 있었다.				
총점	(/ 95)			

IV. 정서적 단절	1	2	3	4	5
1. 나는 남편과 싸우면 자녀에게 그 불평을 털어 놓는다.					
2. 내 남편은 나와 싸우면 자녀에게 그 불평을 털어 놓는다.					
3. 내 자녀는 나를 멀리하고 남편하고만 친하게 지낸다.					
4. 내 자녀는 남편을 멀리하고 나하고만 가까이 지내려 한다.					
5. 부부간에 문제가 생기면 자녀는 평소 하지 않던 행동을 하는 경우가 있다.					
6. 나는 남편과 자녀 사이의 싸움에 끼어들어 참견을 하는 경우가 있다.					
7. 남편은 나와 자녀 사이의 싸움에 끼어들어 참견을 하는 경우가 있다.					
총점	(/ 35)				

※ 채점 방법 ※

① 정신내적 분화점수가 높을수록, ② 대인관계적 분화점수가 높을수록, ③ 삼각관계형성 점수가 낮을수록, ④ 정서적 단절 점수가 낮을수록, 개인의 자아분화 수준이 높다고 할 수 있다.

출처 : 한국심리상담센터

자아분화 척도 검사

당신의 전반적인 행동, 경험 및 의견을 묻는 문항이다. 문항을 잘 읽고 해당하는 빈 칸에 V표 하시오.

A. 1번~13번 문항 : 최근 2년간의 전반적인 행동, 경험 및 의견

구분	문항	1	2	3	4	5
인지적 지능 정서적 지능	1. 나는 중요한 결정을 내릴 때, 마음 내키는 대로 결정하는 일이 많다.					
	2. 난 말부터 해 놓고 나중에 가서 그 말을 후회하는 일이 많다.					
	3. 나는 비교적 내 감정을 잘 통제해 나가는 편이다.					
	4. 나는 화가 나면 물불을 가리지 않고 행동하는 편이다.					
	5. 나는 욕을 하고 무엇이든 부수고 싶은 충동을 자주 느낀다.					
	6. 나는 다른 사람들과의 싸움에 말려드는 편이다.					
	7. 나는 대수롭지 않은 일에도 화를 잘 내는 편이다.					
자아의 통합	8. 나는 남이 지적할 때보다 내가 틀렸다고 여길 때 의견을 더 잘 바꾼다.					
	9. 나는 대다수 사람들의 의견보다 내 의견을 더 중시한다.					
	10. 논쟁이 일더라도 필요할 때에는 내 주장을 굽히지 않는다.					
	11. 내 말이나 의견이 남의 비판을 받으면 얼른 바꾼다.					
	12. 내 계획이 주위 사람의 인정을 받지 못하면 잘 바꾼다.					
	13. 주의의 말을 참작은 해도 어디까지나 내 소신에 따라 결정한다.					

B. 14번~36번 문항 : 아동기, 청소년기 및 현재에 이르기까지의 전반적인 행동, 경험 및 의견

가족 투사 과정	14. 자라면서 부모님께서 나에 대해 근심을 하는 것을 많이 보아 왔다.				
	15. 부모님은 내가 미덥지 못해서 지나치게 당부하는 일이 많았다.				
	16. 우리 부모는 형제들 중 유독 나 때문에 속을 많이 썩였다.				
	17. 부모님은 내게만 문제가 없다면 아무 걱정이 없겠다는 말을 많이 했다.				
	18. 내가 처한 상황은 부모님이 전부터 입버릇처럼 말해 오던 대로이다.				
	19. 내 걱정이나 근심은 옛날 부모님이 내게 말해 오던 대로이다.				
정서적 단절	20. 부모님과 떨어져서 살면 대단히 불편하리라 생각했다.				
	21. 가정을 떠나는 것이 독립할 수 있는 좋은 길이다.				
	22. 나는 부모님 슬하에서 하루 빨리 독립했으면 하는 생각이 많았다.				
	23. 부모님과 자주 다투기보다는 안 보는 것이 상책이라 생각했다.				
	24. 나는 자라면서 집을 나가고 싶은 충동을 많이 느껴 왔다.				
가족 퇴행	25. 나는 자라면서 부모님과 별로 대화를 나누지 않았다.				
	26. 내가 자랄 때 우리 가족은 각자 자기의 본분을 다했다.				
	27. 우리 가족은 심각한 일이 있어도 가족 간에 금은 잘 가지 않았다.				
	28. 가족 간에 말썽이 있어도 서로 상의해 가며 잘 해결해 왔다.				
	29. 우리 가정에는 소리를 지르거나 주먹다짐을 하는 일이 드물었다.				
	30. 가정에 어려운 일이 생겨도 부모님은 차분하게 잘 처리하셨다.				

AI 심리게임 입문서

31. 우리 가정은 대체적으로 화목하고 단란했던 편이다.			
32. 우리 가족은 각자 의견이 달라도 서로 존중해 준 편이다.			
33. 나는 어릴 때 다른 가정에서 태어났으면 하는 생각이 들었다.			
34. 우리 가족은 사소한 문제에도 잘 싸웠다.			
35. 부모님은 나를 낳았을 뿐, 교육에는 별 관심이 없었다.			
36. 우리 가족들은 서로에 대해 별 관심이 없었다.			

* 자아분화 척도 *

1) 척도 소개 : 보웬(Bowen) 이론의 개념 중 인지적 기능 대 정서적 기능, 자아의 통합, 가족투사과정, 정서적 단절, 가족퇴행의 다섯 가지 영역으로 구성된 자아분화척도이다.
2) 척도개발과정 및 신뢰도 : Bowen이론 분석과 안창규(1989), Kear(1978), Garfinkel(1980), Titleman(1983)의 문항을 종합해 총 135문항을 제작한 후, 전문가의 평가를 통해 120개의 문항을 선정하였으며, 요인분석을 통해 36문항이 최종적으로 확정되었다. 다섯 가지 하위영역으로 인지적 기능 대 정서적 기능, 자아의 통합, 가족투사과정, 정서적 단절, 가족퇴행 등이 있다.
3) 채점방법 : 거꾸로 채점해야 할 문항은 : 1, 2, 4, 5, 6, 7, 11, 12, 14, 15, 16, 17, 18, 19, 21, 22, 23, 24, 25, 33, 34, 35, 36번이다.

* 각 문항 점수의 합을 구한다.

자신의 점수 합계×100 / 144 =
총계산한 점수 – 10 (문항수를 줄였기 때문에 자신의 점수에서 10점을 마이너스 해서 본다. 가령, 75점이면 65점)

* 기준표 *

① 0-25 : 가족이나 타인에게 정서적으로 용해되어 있는 상태. 감정의 지배를 받음, 감정적.
② 26-50 : 목표지향적인 행동은 하나, 타인의 인정을 받기 위해 행동하므로 타인의 정서체계에 의해서 유도됨. 다른 사감의 감정에 의해 좌우됨.
③ 51-75 : 스트레스는 발생해도 감정에 지배되지 않을 만큼 충분히 사고가 발달되고, 자아의식은 있으나 가끔씩 혼돈을 일으킴.
④ 76-100 : 드물기는 하나 감정(정서체계)과 사고가 완전히 분리되어 있는 상태가 됨. 냉철, 스트레스가 와도 잘 극복하고 문제해결의 대처능력이 있는 사람.

출처 : 제석봉(1989),「자아분화와 역기능적 행동과의 관계 : Bowen의 가족체계이론을 중심으로」(부산대 박사학위논문)

자아존중검사

당신이 평소에 느끼는 바를 묘사하는 것이라면 '예'란에 V표를 하고, 평소에 당신이 느끼는 바를 묘사하지 않는다면 '아니오'란에 V표를 하시오. '예'와 '아니오' 중 어느 하나에만 V표를 하시오. 있는 그대로 자신을 솔직하게 점검한다.

번호	문항	O	×
1	당신에게 친구가 별로 없습니까?		
2	당신은 평소에 기쁜 삶을 누립니까?		
3	당신은 다른 사람들 못지않게 많은 일들을 해 낼 수 있는 능력이 있습니까?		
4	당신은 대부분의 자유 시간을 혼자 보냅니까?		
5	당신은 당신이 남성(또는 여성)인 것에 만족하십니까?		
6	성(性)에 대해 말하거나 알려고 해서는 안 됩니까?		
7	당신이 중요한 과제나 과업을 시도할 때 보통 성공하는 편입니까?		
8	당신은 다른 사람들 못지않게 지적인 편입니까?		
9	당신은 다른 사람들 못지않게 중요한 인물이라고 생각하십니까?		
10	당신은 쉽게 의기소침(우울)해지는 편입니까?		
11	할 수만 있다면 당신은 자신에 대하여 많은 것들을 바꾸고 싶습니까?		
12	당신은 다른 사람 못지않게 잘생긴 편입니까?		
13	많은 사람들이 당신을 싫어합니까?		
14	당신은 평소에 긴장하거나 불안해합니까?		
15	당신은 자신감이 부족합니까?		
16	당신은 자주 당신이 쓸모 없는 존재라고 느낍니까?		
17	당신은 남 못지않게 건강하고 튼튼합니까?		
18	당신은 감정이 쉽게 상하는 편입니까?		
19	당신은 당신의 견해나 감정 상태를 표현하기가 어렵습니까?		
20	당신은 종종 당신 자신에 대하여 부끄러움을 느낍니까?		
21	대체로 다른 사람들이 당신보다 더 성공적이라고 생각합니까?		
22	당신은 이유 없이 자주 불안감을 느낍니까?		

23	당신은 다른 사람들이 행복해 보이는 것처럼 자신이 행복해지기를 원하십니까?	
24	당신은 실패자입니까?	
25	당신은 당신이 생각하는 바를 좋아하십니까?	
26	당신은 새로운 사람들을 만나기가 쉽지 않습니까?	
27	당신은 무엇엔가 자주 화를 내는 편입니까?	
28	대부분의 사람들이 당신의 견해를 존중합니까?	
29	당신은 다른 사람들에 비하면 예민한 편입니까?	
30	당신은 다른 사람들만큼이나 행복한 삶을 누립니까?	
31	당신은 무슨 일을 시도할 때 주도권을 잡는 능력이 참으로 부족하다고 느낍니까?	
32	당신은 많이 걱정하는 편입니까?	
맞은 개수 / 32×100	/100	

출처 : Robinson & Shavor, 1975 : 강종구(1986)

동반 의존성 검사

다음 문항들은 당신이 자신과 인생 그리고 당신을 둘러싼 일이나 환경에 대해 어떻게 느끼고 있는지를 알아보기 위한 것이다. 문항들을 잘 읽어 보고 "그렇다"고 느끼는 문항에 V표시를 한다.

순번	규칙	V
1	나는 나 자신만을 위한 시간을 매주 충분히 마련한다.	
2	나는 사람들을 만나고 난 후에 내 자신을 비판하는 경우가 많다.	
3	사람들이 나에 대한 어떤 것을 알게 되더라도 나는 별로 창피하지 않다.	
4	가끔 내가 허송세월을 보내고 아무것도 이루지 못했다고 생각을 하게 된다.	
5	나는 나 자신을 충분히 잘 돌본다.	
6	남이 나를 괴롭혀도 아무 말 하지 않는 것이 좋다고 생각한다. 왜냐하면 괜히 지적하면 싸움을 하게 되고 모든 사람들의 기분을 상하게 만들기 때문이다.	
7	내가 자랄 때 우리 가족끼리 나눈 대화방법에 만족한다.	
8	때때로 내 기분이 정말로 어떤지 모를 때가 있다.	

9	나는 내 애정생활에 매우 만족한다.	
10	최근에 자주 피로감을 느낀다.	
11	내가 자랄 때, 우리 가족은 무슨 문제든 터놓고 이야기하는 편이었다.	
12	내가 슬프거나 화날 때 겉으로는 행복한 척할 때가 자주 있다.	
13	나는 내 인생에 맺은 인간관계에 만족한다.	
14	시간과 돈에 여유가 있더라도, 혼자 휴가를 떠나는 것은 불편하다.	
15	내가 매일 해야 하는 모든 것에 충분한 도움을 받고 있다.	
16	나는 지금보다 훨씬 더 많은 것을 성취하고 싶다.	
17	우리 가족은 내가 자랄 때 자신의 느낌이나 애정을 표현하도록 가르쳤다.	
18	나는 윗사람(직장상사, 교사 등)들과 대화하기가 어렵다.	
19	아주 혼란스럽고 복잡한 인간관계에 처해 있어도, 나는 거기서 빠져나오는 데 별 어려움이 없다.	
20	나는 내 자신이 누구인지 그리고 내 인생이 어디로 흘러가고 있는지에 대해 혼란을 느낄 때가 가끔 있다.	
21	나는 내 자신이 욕구를 처리하는 방법에 만족한다.	
22	나는 내 직업경력에 만족하지 못한다.	
23	나는 보통 내 문제들을 조용하게 그리고 직접 처리하는 편이다.	
24	나는 다른 사람들에게 상처를 주거나 그들이 나를 덜 좋아하게 되는 것을 원하지 않기 때문에, 많은 경우 내 감정을 숨긴다.	
25	나는 내가 "판에 박힌 일상적인 생활"을 한다고 자주 느끼지는 않는다.	
26	나는 친구관계가 만족스럽지 않다.	
27	누군가 내 기분을 상하게 하거나 내가 싫어하는 일을 할 때 상대방에게 그것에 대해 별 어려움 없이 말한다.	
28	친한 친구나 친척이 내가 해 줄 수 있는 이상의 무리한 요구를 하더라도 나는 보통 승낙한다.	
29	나는 새로운 문제에 직면하는 것을 좋아하며 문제에 대한 해결책을 잘 찾는다.	
30	나는 내 어린 시절에 대해 좋게 느끼지 않는다.	
31	나는 내 건강을 염려하지 않는다.	
32	나는 어느 누구도 나를 정말로 잘 이해하지는 못한다고 자주 느낀다.	
33	나는 대부분의 시간을 조용하고 평화롭게 느낀다.	
34	나는 내가 원하는 것을 남에게 요구하는 데 어려움을 느낀다.	

35	나는 사람들이 내가 원하는 것 이상으로 나를 이용하도록 내버려두지 않는다.
36	나는 가까운 관계들 중 최소한 하나는 불만족스럽다.
37	나는 중요한 결정을 매우 쉽게 내린다.
38	나는 새로운 상황에서 내 자신을 내가 원하는 만큼 신뢰하지 못한다.
39	나는 언제 내 주장을 해야 하고, 언제 남의 뜻에 따라야 할지 매우 잘 알고 있다.
40	나는 내 일에서 벗어나 더 많은 시간을 갖고 싶다.
41	나는 내가 원하는 만큼 자발적이다.
42	혼자라는 것은 나에게 문제가 된다.
43	내가 사랑하는 사람이 나를 괴롭힐 때 그것을 지적하는 데 어려움이 없다.
44	나는 너무 많은 일들이 한꺼번에 밀어 닥쳐서 그 중 어느 하나도 제대로 처리하지 못할 때가 자주 있다.
45	나는 다른 사람이 내 인생에 들어오는 것을 허용하고, "진정한 내 모습"을 그들에게 드러내 보이는 것이 매우 평안하다.
46	나는 내가 한 말이나 행동에 대해 다른 사람들에게 내가 화난 것을 말하는 데 아무 문제가 없다.
47	나는 사람들에게 화가 났을 때, 사람들에게 내가 화난 것을 말하는 데 아무 문제가 없다.
48	해야 할 일은 너무 많은데 시간은 충분하지 않다. 때때로 나는 일을 다 미루어 놓고 어디론가 떠나고 싶다.
49	내 인생에서 내가 했던 일들에 대해 별로 후회는 없다.
50	나는 나 자신보다 남을 더 생각해 주는 편이다.
51	내 인생은 대부분 내가 원했던 대로 되어 왔다.
52	사람들이 나를 괴롭히는 일을 할 때조차도 내가 남을 너무나 잘 이해해주기 때문에 사람들은 나에게 감탄한다.
53	나는 내가 남성(여성)이라는 것에 대하여 만족스럽다.
54	나는 나와 친한 사람들의 행동에 당혹감을 느낄 때가 가끔 있다.
55	내 인생에 중요한 사람들은 "진정한 나의 모습"을 알며, 나는 그들이 나에 대해 알고 있는 것이 괜찮다.
56	나는 내가 할 일을 다하고도 더 많은 일을 하고, 나중에는 내가 왜 그랬는지 의아하게 여긴다.
57	나는 나의 노력과 관심이 없어도 모든 일이 엉망이 될 거라고 느끼지는 않는다.

58	나는 다른 사람들을 위해 너무 많은 일을 하고, 나중에는 내가 왜 그랬는지 의아하게 여긴다.	
59	나는 내가 자랄 때 우리 가족이 문제 해결에 대처했던 방식들이 마음에 든다.	
60	나는 나와 함께 무엇이든 할 사람들이 더 많았으면 좋겠다.	

짝수표기 : 1점, 홀수표기 : 0점, 홀수 미 표기 : 1점

총합계 (   )
- 30점 이상인 경우 : 중증의 동반 의존 증상
- 35점 이상인 경우 : 입원을 요하는 동반 의존 증상

출처 : 한국 회복사역 연구소

분노지수 검사(Anger Inventory)

* 이 검사는 당신의 분노와 분노를 일으키는 배경에 비추어서 당신이 어디에 있는가를 평가하는 설문지이다. 각 문항을 읽고 그 내용이 당신에게 얼마나 적용되는지 0(아주 낮은)에서 10(아주 높은)의 점수 중에서 적어 놓도록 하시오.

문항	점수
1. 나는 자주 생기는 사소한 건강문제가 있다.	
2. 나는 사람들을 가까이 하는 데 어려움을 겪는 성향이 있다. 나를 보고 차갑다고 말한 사람도 있다.	
3. 나는 사업상 거래를 할 때 함정을 보지 못하는 실수를 계속한다.	
4. 나는 종교적인 일에는 별로 관심이 없다.	
5. 나에게는 하나님의 존재에 대하여 많은 의문이 있다.	
6. 나는 종교적인 사람들을 "일당의 위선자들"로 보는 성향이 있다.	
7. 나는 사람들을 판단하고 지나치게 비판하는 성향이 있다.	
8. 나는 일반적으로 나 자신의 약점을 보지 못하는 경향이 있다.	
9. 나의 이미지는 나에게 매우 중요하다. 무엇을 입고 무슨 차를 운전하는지에 많은 신경을 쓴다.	
10. 나는 종종 낮은 자존감(열등감) 때문에 고민한다.	
11. 나는 종종 나의 말과 행동이 다른 사람들의 감정에 상처를 준다는 것을 알지 못한다.	
12. 내가 18세가 되기 전에 나의 부모는 이혼했다.	
13. 나의 부모 중 하나 또는 둘이 술을 많이 마셨다고 생각한다.	
14. 나의 부모는 마약이나 다른 약물에 중독된 것처럼 보였다.	
15. 나의 부모는 나를 성적, 언어적 또는 정서적으로 학대했다.	

16. 나의 부모는 멀게 느껴졌고 나에게 무관심해 보였다.

17. 나는 부모가 나를 너무 통제한다고 느꼈다.

18. 나는 종종 절망감이나 우울증세로 고생할 때가 있다.

19. 나는 오랜 기간 동안 몇몇 사람들과 사이가 안 좋게 보낼 때가 있다.

20. 나는 나의 배우자와 자녀 또는 친구들을 지나치게 통제하는 성향이 있다.

21. 나는 막연한 불안을 느끼는데 무엇에 대하여 불안한지 잡히지가 않는다.

22. 나는 자살에 대하여 생각해 본 적이 있다.

23. 나는 다른 사람이 나에게 상처를 주거나 좌절시킬 때 그들을 용서하기가 어렵다.

24. 나는 다른 이들이 나에게 상처를 입힐 때 직면하기가 어렵다. 그리고 내가 분노를 표출하는 데 미숙하다는 것을 알고 있다.

25. 나는 대부분의 시간을 너무 바쁘게 보낸다.

26. 나의 잘못에 대해 책임을 지는 것보다는 다른 사람을 탓하기가 쉽다.

27. 나는 종종 다른 사람들이 나에게 하는 행동이나 말에 너무 민감하게 반응한다.

28. 나는 실패하는 것에 대한 두려움이 동기가 되어서 행동할 때가 너무 많다.

29. 나는 나에게 상처를 준 사람들이 어떻게든 처벌을 받았으면 하고 바랄 때가 있다.

30. 나는 인생의 중요한 영역에서 사기를 당했다고 느낄 때가 종종 있다.

31. 나는 다른 사람들과 싸우다가 물건을 던지거나, 따귀를 때리거나, 치는 등 신체적 공격을 가할 때가 있다.

32. 나는 나 자신 이외에는 다른 사람을 믿지 못하겠다.

합계 :_____점 (32번까지의 점수를 모두 합산하시오)

* 당신의 점수를 당신의 배우자나 친구 또는 훈련 받은 상담자와 논의할 것을 권한다. 당신의 전체 점수가 100이 넘으면, 치유훈련을 받을 필요가 있다. 그리고 점수가 200점이 넘으면 분노의 원인을 드러내어 원한 감정을 해소할 수 있도록 도와주는 상담자와 개인 면담을 하는 것이 좋다.

우울증 진단 검사(Beck Depression Inventory)

아래의 질문을 읽고, 최근 2주 동안 해당되는 것에 체크하여 확인해 보시오.

	문항	점수		문항	점수
1	0. 나는 슬프지 않다. 1. 가끔 슬플 때가 있다. 2. 항상 슬픔에 젖어 헤어날 수가 없다. 3. 대단히 슬프고 불행해서 견딜 수가 없다.		12	0. 다른 사람들과 여전히 잘 어울린다. 1. 다른 사람들과 어울리지 못할 때가 가끔 있다. 2. 거의 대부분 다른 사람과 어울리지 못한다. 3. 다른 사람들에 대해 전혀 관심이 없다.	
2	0. 장래에 대해 별로 걱정하지 않는다. 1. 장래에 대해 가끔 걱정한다. 2. 장래에 관한 기대는 아무것도 없다. 3. 장래에 절망적이고 나아질 수도 없다.		13	0. 나의 결단력은 전과 같다. 1. 전보다 다소 결단력이 약해졌다. 2. 전보다 훨씬 결단력이 약해졌다. 3. 나는 아무것도 결단을 내릴 수가 없다.	
3	0. 실패라는 것은 생각지도 않는다. 1. 다른 사람보다 실패를 많이 한 것 같다. 2. 과거 내 생활은 거의 실패의 연속이었다. 3. 나는 완전히 실패한 인간이다.		14	0. 전보다 내 모습이 못하지는 않다. 1. 내가 늙거나 매력이 없어진 것 같아 걱정이다. 2. 내 모습은 변했고 매력이 없어졌다. 3. 내 모습은 확실히 추해졌다.	
4	0. 내가 하는 일에 여전히 만족하고 있다. 1. 예전처럼 만족을 느끼지 못한다. 2. 무엇을 해도 만족스럽지가 않다. 3. 무엇을 해도 만족스럽지가 않다.		15	0. 전과 같이 일을 잘 할 수 있다. 1. 전처럼 일을 잘 하려면 무척 힘이 든다. 2. 무슨 일이든 하려면 무척 힘이 든다. 3. 전혀 아무 일도 할 수 없다.	

5	0. 별로 죄책감을 느끼지 않는다. 1. 때때로 죄책감을 느낀다. 2. 자주 죄책감을 느낀다. 3. 항상 죄책감에 빠져 있다.	16	0. 잠을 자는 데 아무 불편이 없다. 1. 잠을 못 이룰 때가 가끔 있다. 2. 평소보다 새벽에 일찍 깨고 다시 잠들기도 어렵다. 3. 밤중에 깨서 전혀 못 잔다.
6	0. 벌 받는 느낌은 없다. 1. 벌을 받을지도 모른다. 2. 벌을 받을까봐 걱정이다. 3. 나는 지금 벌 받고 있다.	17	0. 별로 피곤할 줄 모르고 지낸다. 1. 평소보다 쉽게 피로해진다. 2. 사소한 일에도 곧 피로해진다. 3. 너무 피곤해서 아무 일도 할 수 없다.
7	0. 나 자신에 대해 실망하지 않는다. 1. 나 자신에 실망할 때가 많다. 2. 벌을 받을까봐 걱정이다. 3. 나는 내 자신을 증오한다.	18	0. 입맛은 평소와 같다. 1. 입맛이 전과 같이 좋지는 않다. 2. 요사이 입맛이 매우 나빠졌다. 3. 전혀 입맛이 없다.
8	0. 나는 다른 사람보다 뒤떨어지지 않는다. 1. 나의 약점이나 실수를 가끔 내 탓으로 돌린다. 2. 다른 사람보다 뒤떨어지는 것을 거의 내 탓이라고 생각한다. 3. 잘못된 일은 모두 내 탓이다.	19	0. 체중의 변화는 없다. 1. 근래 3킬로그램가량 줄었다. 2. 근래 5킬로그램가량 줄었다. 3. 근래 7킬로그램가량 줄었다.
9	0. 죽고 싶다는 생각을 해 본 적이 없다. 1. 가끔 죽고 싶다는 생각이 들지만 실행은 못할 것이다. 2. 나는 죽고 싶다는 생각을 할 때가 많다. 3. 기회만 있으면 자살할 것이다.	20	0. 건강에 대한 걱정은 별로 안 한다. 1. 신체적 건강에 대해 걱정한다. (몸살, 소화불량 등) 2. 신체적 건강에 대한 걱정 때문에 다른 생각하기가 힘들다. 3. 신체적 건강에 대한 걱정 때문에 전혀 아무 일도 할 수가 없다.

10	0. 평소보다 더 우는 편은 아니다. 1. 전보다 더 자주 우는 편이다. 2. 요즈음은 항상 울고 있다. 3. 울고 싶어도 나올 눈물조차 없다.	21	0. 정욕(성욕)이 전보다 떨어진 것 같지는 않다. 1. 정력이 전보다 약간 떨어졌다. 2. 확실히 정력이 떨어졌다. 3. 전혀 정력이 일어나지 않는다.
11	0. 전보다 더 짜증나지는 않는다. 1. 전보다 더 쉽게 짜증이 난다. 2. 요즈음은 항상 짜증이 난다. 3. 짜증내고 싶어도 이젠 짜증내기도 지쳤다.		

채점기준
1~10 = 정상   11~16 = 가벼운 동요   17~20 = 임상적 우울증 초기
21~30 = 우울중기   31~40 = 심각한 우울증   40 이상 = 극단적 우울증

성인 스마트폰 중독 자가진단

(전혀 그렇지 않다 : 1점,   그렇지 않다 : 2점, 그렇다 : 3점, 매우 그렇다 : 4점)

번호	항목	1	2	3	4
1	스마트폰의 지나친 사용으로 학교성적이나 업무능률이 떨어진다.				
2	스마트폰을 사용하지 못하면 세상을 잃을 것 같은 생각이 든다.				
3	스마트폰을 사용할 때 그만해야지 하고 생각은 하면서도 계속한다.				
4	스마트폰이 없어도 불안하지 않다.				
5	수시로 스마트폰을 사용하다가 지적을 받은 적이 있다.				
6	가족이나 친구들과 함께 있는 것보다 스마트폰을 사용하고 있는 것이 더 즐겁다.				
7	스마트폰 사용시간을 줄이려고 해보았지만 실패한다.				
8	스마트폰을 사용할 수 없게 된다면 견디기 힘들 것이다.				
9	스마트폰을 너무 자주 또는 오래 한다고 가족이나 친구들로부터 불평을 들은 적이 있다.				
10	스마트폰 사용에 많은 시간을 보내지 않는다.				

11	스마트폰이 옆에 없으면, 하루 종일 일(또는 공부)이 손에 안 잡힌다.			
12	스마트폰을 사용해서 지금 하고 있는 일(공부)에 집중이 안 된 적이 있다.			
13	스마트폰 사용에 많은 시간을 보내는 것이 습관화되었다.			
14	스마트폰이 없으면 안절부절못하고 초조해진다.			
15	스마트폰 사용이 지금 하고 있는 일(공부)에 방해가 되지 않는다.			
	총점( )			

〈채점 방법〉

채점 방법	(1단계) 문항별	전혀 그렇지 않다 : 1점, 그렇지 않다 : 2점, 그렇다 : 3점, 매우 그렇다 : 4점 ※ 단, 문항 4번, 10번, 15번은 다음과 같이 역채점 실시 〈전혀 그렇지 않다 : 4점, 그렇지 않다 : 3점, 그렇다 : 2점, 매우 그렇다 : 1점〉
	(2단계) 총점 및 요인별	총 점 ▶ ① 1~15번 합계 요인별 ▶ ② 1요인 (1, 5, 9, 12, 15번) 합계 ③ 3요인 (4, 8, 11, 14번) 합계 ④ 4요인 (3, 7, 10, 13번) 합계
고위험 사용자 군		총 점 ▶ ① 44점 이상 요인별 ▶ ② 1요인 15점 이상 ③ 3요인 13점 이상 ④ 4요인 13점 이상
		판정 : ①에 해당하거나, ②~④ 모두 해당되는 경우
		스마트폰 사용으로 인하여 일상생활에서 심각한 장애를 보이면서 내성 및 금단 현상이 나타난다. 스마트폰으로 이루어지는 대인관계가, 비도덕적 행위와 막연한 긍정적 기대가 있고 특정 앱이나 기능에 집착하는 특성을 보이기도 한다. 현실 생활에서도 습관적으로 사용하게 되며 스마트폰 없이는 한순간도 견디기 힘들다고 느낀다. 따라서, 스마트폰 사용으로 인하여 학업이나 업무, 대인관계를 제대로 수행할 수 없으며 자신이 스마트폰 중독이라고 느낀다. 또한, 심리적으로 불안정감 및 대인관계 곤란감, 우울한 기분 등이 흔하며, 성격적으로 자기 조절에 심각한 어려움을 보이며 무계획적인 충동성도 높은 편이다. 현실세계에서 사회적 관계에 문제가 있으며, 외로움을 느끼는 경우도 많다. ▷ 스마트폰 중독 경향성이 매우 높으므로 관련 기관의 전문적 지원과 도움이 요청된다.

잠재적 위험 사용자 군	총 점 ▶ ① 40점 이상~43점 이하 요인별 ▶ ② 1요인 14점 이상	
	판정 : ①~② 중 한 가지라도 해당되는 경우	
	고위험 사용자군에 비해 경미한 수준이지만 일상생활에서 장애를 보이며, 필요 이상으로 스마트폰 사용시간이 늘어나고 집착을 하게 된다. 학업과 업무 등에 어려움이 나타날 수 있으며, 심리적 불안정감을 보이지만 절반 정도는 자신이 아무 문제가 없다고 느낀다. 다분히 계획적이지 못하고 자기 조절에 어려움을 보이며 자신감도 낮아진다. ▷ 스마트폰 과다 사용의 위험을 깨닫고 스스로 조절하고 계획적인 사 　용을 하도록 노력한다. 　스마트폰 중독에 대한 주의가 요망된다.	
일반 사용자 군	총 점 ▶ ① 39점 이하 요인별 ▶ ② 1요인 13점 이하 ③ 3요인 12점 이하 ④ 4요인 12점 이하	
	판정 : ①~④ 모두 해당되거나 고위험 및 잠재적 위험군에 속하지 않는 경우	
	대부분이 스마트폰에 중독문제가 없다고 느낀다. 심리적 정서문제나 성격적 특성에서도 특이한 문제를 보이지 않으며, 자기행동을 관리한다고 생각한다. 주변 사람들과의 대인관계에서도 자신이 충분한 지원을 얻을 수 있다고 느끼며, 심각한 외로움이나 곤란감을 느끼지 않는다. ▷ 때때로 스마트폰의 건전한 활용에 대하여 자기 점검을 지속적으로 　수행한다.	

출처 : 한국정보화진흥원 인터넷중독대응센터(iapc.or.kr)

성인 인터넷 중독 자가진단

(전혀 그렇지 않다 : 1점,　그렇지 않다 : 2점,　그렇다 : 3점,　매우 그렇다 : 4점)

번호	항목	1	2	3	4
1	인터넷 사용으로 인해 학교 성적(업무 실적)이 떨어졌다.				
2	인터넷을 하는 동안 더욱 자신감이 생긴다.				
3	인터넷을 하지 못하면 무슨 일이 일어났는지 궁금해서 다른 일을 할 수가 없다.				
4	"그만 해야지" 하면서도 번번이 인터넷을 계속하게 된다.				
5	인터넷 사용 때문에 피곤해서 수업(업무)시간에 잔다.				
6	인터넷을 하다가 계획한 일을 제대로 못한 적이 있다.				

7	인터넷을 하면 기분이 좋아지고 쉽게 흥분된다.			
8	인터넷을 할 때 마음대로 되지 않으면 짜증이 난다.			
9	인터넷 사용 시간을 스스로 조절할 수 있다.			
10	피곤할 만큼 인터넷을 하지 않는다.			
11	인터넷을 하지 못하면 안절부절못하고 초조해진다.			
12	일단 인터넷을 시작하면 처음에 마음먹었던 것보다 오랜 시간 인터넷을 한다.			
13	인터넷을 하더라도 계획한 일들을 제대로 한다.			
14	인터넷을 하지 못해도 불안하지 않다.			
15	인터넷 사용을 줄여야 한다는 생각을 끊임없이 한다.			
	총점( )			

〈채점 방법〉

채점 방법	(1단계) 문항별	전혀 그렇지 않다 : 1점, 그렇지 않다 : 2점, 그렇다 : 3점, 매우 그렇다 : 4점 ※ 단, 문항 9번, 10번, 13번, 14번은 다음과 같이 역채점 실시 〈전혀 그렇지 않다 : 4점, 그렇지 않다 : 3점, 그렇다 : 2점, 매우 그렇다 : 1점〉
	(2단계) 총점 및 요인별	총 점 ▶ ① 1~15번 합계 요인별 ▶ ② 1요인 (1, 5, 6, 10, 13번) 합계 ③ 3요인 (3, 8, 11, 14번) 합계 ④ 4요인 (4, 9, 12, 15번) 합계
고위험 사용자 군	총 점 ▶ ① 42점 이상 요인별 ▶ ② 1요인 14점 이상 ③ 3요인 12점 이상 ④ 4요인 13점 이상	
	판정 : ①에 해당하거나, ②~④ 모두 해당되는 경우	
	인터넷 사용으로 인하여 일상생활에 심각한 장애를 보이면서 내성 및 금단 현상이 나타난다. 인터넷으로 이루어지는 대인관계가, 비도덕적 행위와 막연한 긍정적 기대가 있고 일상생활에서도 인터넷에 접속하고 있는 듯한 착각을 하기도 한다. 현실 생활에서도 습관적으로 사용하게 되며 인터넷 없이는 한순간도 견디기 힘들다고 느낀다. 따라서, 인터넷 사용으로 인하여 학업이나 업무, 대인관계를 제대로 수행할 수 없으며 자신이 인터넷 중독이라고 느낀다. 또한, 심리적으로 불안정감 및 대인관계 곤란감, 우울한 기분 등이 흔하며, 성격적으로 자기 조절에 심각한 어려움을 느끼는 경우도 많다. ▷ 인터넷 중독 경향성이 매우 높으므로 관련 기관의 전문적 지원과 도움이 요청된다.	

잠재적 위험 사용자 군	총 점 ▶ ① 39점 이상~41점 이하 요인별 ▶ ② 1요인 13점 이상 판정 : ①~② 중 한 가지라도 해당되는 경우 고위험 사용자군에 비해 경미한 수준이지만 일상생활에서 장애를 보이며, 필요 이상으로 인터넷 사용시간이 늘어나고 집착을 하게 된다. 학업과 업무 등에 어려움이 나타날 수 있으며, 심리적 불안정감을 보이지만 절반 정도는 자신이 아무 문제가 없다고 느낀다. 다분히 계획적이지 못하고 자기 조절에 어려움을 보이며 자신감도 낮아진다. ▷ 인터넷 과다 사용의 위험을 깨닫고 스스로 조절하고 계획적인 사용을 하도록 노력한다. 인터넷 중독에 대한 주의가 요망된다.
일반 사용자 군	총 점 ▶ ① 38점 이하 요인별 ▶ ② 1요인 12점 이하 ③ 3요인 11점 이하 ④ 4요인 12점 이하 판정 : ①~④ 모두 해당되거나 고위험 및 잠재적 위험군에 속하지 않는 경우 대부분이 인터넷 중독문제가 없다고 느낀다. 심리적 정서문제나 성격적 특성에서도 특이한 문제를 보이지 않으며, 자기행동을 관리한다고 생각한다. 주변 사람들과의 대인관계에서도 자신이 충분한 지원을 얻을 수 있다고 느끼며, 심각한 외로움이나 곤란감을 느끼지 않는다. ▷ 때때로 인터넷의 건전한 활용에 대하여 자기 점검을 지속적으로 수행한다.

출처 : 한국정보화진흥원 인터넷중독대응센터(iapc.or.kr)

성 중독 자가진단

자신에게 아래의 질문들을 물어 보고 정직하게 답해 보시오.

순번	문항	V
1	삶의 문제를 잊기 위해 성행위를 해야 할 때가 있는가?	
2	성적인 행동이나 섹스의 빈도수를 줄이거나 끊으려고 한 적이 있는가?	
3	성적 행동에 대한 특정한 규칙을 정하지만 번번이 그것들을 어기는가?	
4	새로운 성적 만족을 얻고자 하는 생각에 몰입하거나 집착하는가?	
5	당신은 성적 행동의 범위를 넓히거나 그 빈도수를 늘리려고 하는 경향이 있는가?	
6	상대방의 성적 태도, 신념, 필요보다 자신의 성적 태도, 신념, 필요에 더 초점을 맞추는가?	

7	당신이 맺고 있는 관계 속에서 성이 가장 중요한 역할을 하는가?	
8	당신은 상대방이 불편하게 느끼거나 수치스럽게 느끼는 성적 행동에 연루되어 있는가?	
9	자신의 성적 느낌이나 반응에 대해 거짓말하는가?	
10	자신의 성적 행동으로 인해 구속된 적이 있는가?	
11	당신이 계속 섹스나 성적 행동에 대해 생각하고 있다고 느끼는가?	
12	성적 만족을 얻기 위해 가족이나 결혼, 직장을 위태롭게 한 적이 있는가?	
13	성적 환상이나 욕구를 채우기 위해 가정이나 직장에 대한 헌신을 포기하거나 소홀히 한 적이 있는가?	
14	한 번에 한 명 이상의 사람과 결혼 외 관계를 가진 적이 있는가?	
15	당신은 일부일처제가 지루하고 부족한 것이라고 생각하는가?	
합계		

이 질문에 대해 4문항 이상 'V' 표시를 했다면 삶을 지배하는 어떤 문제가 당신에게 있는 것이다.

음식 중독 자가진단

자신에게 아래의 질문들을 물어보고 정직하게 답해 보시오. 이 질문에 정직하게 대답한 후에, 당신의 삶을 지배하는 문제가 음식과 연관이 있는지 사실을 확인해 보시오.

순번	문항	V
1	당신은 5년 이상 비만 문제를 가졌는가?	
2	당신의 가정에 비만에 걸린 사람이 있었는가?	
3	당신의 가정에 우울증이나 불안에 빠진 사람이 있었는가?	
4	당신의 가정에 알코올 중독에 빠진 사람이 있었는가?	
5	당신의 가정에 약물을 남용한 사람이 있었는가?	
6	당신의 가정에서는 음식이 기분 전환과 관련이 있는가?	
7	음식은 당신의 기분을 좋게 하는가?	
8	체중 때문에 우울증에 빠진 적이 있는가?	
9	당신은 배가 고프지 않아도 먹는가?	
10	당신은 분명한 이유 없이 지나치게 계속 먹는가?	
11	당신은 집중하거나 결정을 내리는 데 어려움을 느끼는가?	

12	당신은 몰래 먹고 싶은 음식을 왕창 사서 먹을 때가 있는가?	
13	당신은 종종 슬픔, 우울감, 짜증, 불안을 느끼는가?	
14	당신은 자신이 무가치하다는 느낌을 가진 적이 있는가?	
15	당신은 자신에 대해 확신이 없는가?	
16	당신은 음식 섭취량을 가혹하게 제한하면서 체중을 줄이려고 시도한 적이 있는가?	
17	당신은 일부러 먹은 것을 토해 낸 적이 있는가?	
18	당신은 종종 신경과민이거나 쉽게 흥분하는가?	
19	당신은 일상적인 활동에 흥미나 즐거움을 잃어버린 적이 있거나 체중 때문에 성적 욕구가 줄어든 적이 있는가?	
20	당신은 보통 때보다 더 피곤하게 느끼는가?	
21	당신은 죽고 싶다고 느끼거나, 자살을 시도하거나, 죽음을 두려워한 적이 있는가?	
22	당신은 자신이 더 이상 아무것도 신경 쓰지 않는 것처럼 느껴진 적이 있는가?	
23	당신은 과식을 하고 난 후에 우울함, 죄책감, 후회를 느끼는가?	
24	당신은 아무런 이유 없이 갑자기 두려움을 느끼는가?	
25	당신은 체중이나 음식 섭취량으로 인해 다른 사람들을 회피하거나 사람들 앞에서 위축되는가?	
26	당신은 한참 동안 울적하거나 의기소침해 한 적이 있는가?	
27	당신은 사라질 것 같지 않은 슬픔을 경험하고 있는가?	
28	당신은 자신을 때때로 패배자라고 여기는가?	
29	당신은 도움을 구하는 데 어려움을 느끼는가?	
30	당신은 자신이 아무것도 아니라고 느낀 적이 있는가?	
31	당신은 자신의 체중에 대해 거짓말을 한 적이 있는가?	
32	당신의 신경을 거슬리게 하고 짜증나게 하는 성가신 일이 있는가?	
33	당신은 어떤 음식을 일단 먹기 시작하면 먹는 것을 멈출 수 없는 경우가 있는가?	
34	당신은 살이 찌는 것에 대해 강한 두려움을 가지고 있는가?	
35	당신은 과식, 체중, 또는 그 외 관련된 질병으로 일을 하지 못한 날이 있는가?	
36	당신은 모든 것을 너무 개인적으로 받아들이는가?	
37	당신은 지나치게 자주 자신에게 다짐을 하는가?	

38	당신은 다른 사람들에 대해서 책임을 져야 한다고 느끼고, 그들의 생각, 행동, 성격, 바람, 필요, 어려움이나 문제에 대한 책임을 느끼는가?	
	합계	

이 질문에 대해 3 문항 이상 'V' 표시를 했다면 삶을 지배하는 어떤 문제가 당신에게 있을 가능성이 높다.

일 중독 자가진단

자신에게 아래의 질문들을 물어 보고 정직하게 답해 보시오.

순번	문항	V
1	당신은 배우자(또는 가장 친한 친구)와 의사소통하는 것보다 직장 동료와 의사소통하기가 더 쉽습니까?	
2	당신은 항상 모든 약속에 대해 시간을 엄수합니까?	
3	당신은 토요일 오후에 쉬는 것보다는 비번인 날 쉬는 것이 더 낫다고 생각합니까? (토요일 오후에 일이 생길지도 모른다는 것 때문에)	
4	당신은 한가한 시간보다는 일을 할 때 더 마음이 편해집니까?	
5	당신은 취미생활을 위해 시간을 내고 있습니까?	
6	당신의 배우자/친구들이 당신을 기다리게 만들 때 매우 언짢은 느낌을 받습니까?	
7	당신은 여가 활동을 주로 직장동료들과 함께 합니까?	
8	어떤 물건이 가끔씩 좋아하지 않는 사람의 얼굴로 보일 때가 종종 있습니까?	
9	당신은 일을 대인관계를 피하기 위한 수단(도피수단)으로 여기는 경향이 있습니까?	
10	일이 주는 압박감이 아무리 크더라도 당신이 어떤 결정을 내리기 전에 그 일과 관련해서 모든 것을 제대로 파악하고 있는지 확인하기 위한 시간을 갖습니까?	
11	당신은 여행을 떠나기 전에 일정의 모든 관계를 꼼꼼히 계획하면 만일 그 계획이 잘못되면 마음이 상당히 불편해집니까?	
12	당신 친구들은 대부분 직장 동료들입니까?	
13	당신은 아픈 때도 일을 합니까?	
14	당신이 알고 있는 거의 모든 책들은 일과 관련이 있습니까?	
15	다른 사람들이 일하지 않을 때조차도 당신은 일을 합니까?	

16	당신은 친교모임에서도 주로 당신의 일과 관련된 주제로 대화합니까?	
17	당신은 일에 대한 걱정 때문에 밤에 잠을 설칩니까?	
18	당신은 일에 대한 꿈을 자주 꿉니까?	
19	당신은 열심히 일하는 성향으로 또 열심히 놀고 있습니까?	
20	당신은 휴일에도 마음에 쉼이 없어지는 경향이 있습니까?	
	합계	

이 질문에 대해 대부분의 문항에서 'V' 표시를 했다면 당신은 일 중독자일 가능성이 있다.

알코올 중독 자가진단

자신에게 아래의 질문들을 물어 보고 정직하게 답해 보시오.

순번	문항	V
1	당신은 술 때문에 일할 시간을 놓칩니까?	
2	술 마시는 것으로 인해 가정생활이 불행합니까?	
3	당신은 다른 사람들과 관계하는 것이 어려워서 술을 마십니까?	
4	술을 마심으로써 당신의 위치는 영향을 받습니까?	
5	술을 마시고 난 후에 후회한 적이 있습니까?	
6	술을 마심으로 인해 재정적인 어려움에 빠진 적이 있습니까?	
7	술을 마심으로 인해 더 낮은 직책이나 더 열악한 환경으로 이동하게 되었습니까?	
8	술을 마심으로써 가족들에게 무관심해졌습니까?	
9	술을 마시고 난 후부터 당신의 열정이 줄어들었습니까?	
10	매일 일정 시간이 되면 술이 마시고 싶어 견디지 못합니까?	
11	당신은 매일 아침, 술을 마시고 싶어합니까?	
12	술을 마심으로써 잠자는 데 어려움이 있습니까?	
13	술을 마시고 난 후부터 능률이 떨어졌습니까?	
14	술을 마심으로써 당신의 직장이나 사업이 위태롭게 되었습니까?	
15	당신은 걱정이나 어려움으로부터 도피하기 위해 술을 마십니까?	
16	당신은 혼자서 술을 마십니까?	
17	술을 마시고 난 후 의식을 완전히 잃은 적이 있습니까?	
18	술을 마시는 것 때문에 의사에게 치료받은 적이 있습니까?	

19	당신은 자기확신을 갖기 위해 술을 마십니까?	
20	술 문제로 병원이나 요양기관에 간 적이 있습니까?	
	합계	

만일 위 질문에 하나라도 'V' 표시를 했다면 당신은 알코올 중독자일지도 모릅니다. 만일 두 개의 질문에 'V' 표시를 했다면 당신은 알코올 중독자일 가능성이 큽니다. 만일 세 개 이상의 질문에 'V' 표시를 했다면 당신은 알코올 중독자입니다.

일반적 중독 자가진단

존재 깊숙한 곳을 들여다보는 시간을 가져본다. 그리고 중독 테스트를 하는 동안에 하나님께서 인도해 주시도록 겸손히 간청하라. 옳고 그름을 구분하여 정답을 찾으려고 고심할 필요가 없다. 자신을 온전히 정직하게 드러낸 답이 가장 좋은 것이다. (☆ 물질(substance) : 마약, 알코올, 흡연, 약물 등의 중독을 일으키는 중독성 물질의 포괄적 개념)

순번	문항	V
1	나는 절제하지 못하는 사람이다. 쾌락을 즐기는 것을 조절하지 못하며, 기분을 전환하기 위하여 종종 물질을 남용하거나 특정 활동에 심하게 몰입한다.	
2	나는 지나치게 자신에게 몰입한다. 사람들은 내가 내 생각에 너무 빠져 있다고 말한다.	
3	나는 충동적이다. 나중에 어떻게 되든 내가 원하는 것은 반드시 가져야 한다.	
4	나는 다른 사람들에 대해 지나치게 의존적이거나, 지나치게 독립적이다.	
5	나는 몰두해 있을 때가 많다. 특정 활동이나 물질에 대해 생각하거나 상상하는 데 많은 시간을 보낸다. 그러면서 하루 일과를 다 보내거나, 그런 시간을 갖기 위해 노력한다.	
6	나는 내게 묻는 사람들에게 내 행동을 부인하거나 거짓으로 말한다.	
7	나는 적어도 일 년 동안 이러한 행동을 계속해 왔다.	
8	나는 어떤 노력도 없이, 언제든지 이러한 행동을 쉽게 멈출 수 있다고 자신에게 말해 왔다.	
9	일단 이러한 행동이나 물질에 빠져들면, 멈추는 것이 힘들다.	

10	내 가족들 중에 지나친 행동이나 물질 남용과 관계된 사람들이 있다.	
11	나는 같은 행동을 하거나 같은 물질을 사용하는 사람들에게 끌린다.	
12	내게는 특정 행위나 물질에 내성이 생긴 것 같다. 양이나 횟수가 점점 늘어났다.	
13	나는 기분 전환을 위한 방법들을 지나치게 남용할 때, 실제로 나의 문제가 악화될 뿐임을 알게 됐다.	
14	누군가가 특정 물질을 구하거나 특정 행위를 하지 못하도록 저지하려고 할 때, 나는 화가 나고 그들을 거절하거나 학대한다.	
15	나는 특정 물질이나 행위를 할 수 없을 때 위축되는 증상이 나타난다.	
16	이것으로 인해 내 삶이 방해를 받는다. 그리고 결국 중요한 것들을 놓쳐 버렸다(일하는 시간, 친구, 가족, 자녀들과 보내는 시간).	
17	물질/행위가 나의 가정생활을 파괴하고 있다. 나는 내게 가장 가까운 사람들에게 상처 주고 있음을 알고 있다.	
18	나의 과도한 행동으로 인해 삶의 목표를 이루는 데 실패했고, 돈은 낭비했고, 많은 사회적, 직업적 관계를 포기해 버렸다.	
19	나는 절제할 수 없는 것들을 멈추거나 끊으려고 노력했지만 성공하지 못했다.	
20	나의 무절제한 행동 때문에 자주 나 자신과 다른 사람들을 신체적으로 위험에 빠뜨린다.	
합계		

이 질문에 대해 3문항 이상 'V' 표시를 했다면 삶을 지배하는 어떤 문제가 당신에게 있는 것이다.

수치심검사(Shame Questionaire)

순번	설문	T	F
1	나는 말할 때 시선을 제대로 응시하지 못하고 어깨가 축 늘어지거나 얼굴이 붉어진다.		
2	나는 내가 원하는 것보다 더 완벽주의적이다.		
3	다른 사람들이 나를 비판할 때면 나는 방어적이 된다.		
4	내 가족이나 일터나 학교의 사람들, 하나님, 나 자신에 대해 비교적 쉽게 비판한다.		
5	나는 칭찬을 잘 받아들이지 못한다.		
6	내가 길을 잃었을 때 도움을 요청하거나 묻는 것에 어려움이 있음을 발견한다.		

7	내가 뭔가를 실수하면 수 시간 혹은 며칠 동안 기분이 좋지 않다.		
8	나는 다른 사람들이 나의 필요들을 채울 수 있을지에 대해 신뢰하기 어렵다.		
9	뭔가 일이 잘못될 때 나는 비난을 받아들이는 데에 힘든 시간을 보낸다.		
10	내가 갖는 실망감이나 두려움에 대해 나의 친구들이나 가족들에게 말할 수 없다.		
11	나의 뭔가가 다루어지고 있을 때면 처지고, 소망이 없고, 무엇인가에 압도당하는 느낌을 갖는다.		
12	나는 다른 사람들보다 더 자주 혹은 많이 화를 낸다고 느낀다.		
13	나는 죄책감이 없이 쉬거나 긴장을 풀어 주는 시간을 갖기가 어렵다.		
14	나는 어렸을 적에 별명을 불리고 놀림을 당한 적이 있다.		
15	나는 나의 느낌을 잘 드러내지 않는다.		
16	어떤 사람이 내게 호의를 베풀 때 그것을 거절할 생각을 하면 염려스럽다.		
17	내 성품 안에 중독적 속성이 있음을 안다.		
18	나는 직업이나 친구관계를 오랫동안 유지하는 데 어려움이 있다.		
19	어린 시절에 나는 소홀히 여겨졌거나 학대를 받았다고 느꼈다.		
20	나는 하나님이 나를 완전히 용납하고 사랑하실 수 있다는 사실을 믿기가 힘들다.		
21	나는 결코 내가 화내는 것을 용납할 수 없다.		
22	원래의 내 가족들은 나를 충분히 존귀한 자로 여기면서 양육하거나 격려해 주지 않았다.		
23	나는 사람들에게 가깝게 다가가는 것이 매우 힘들다.		
24	나는 다른 사람들이 알게 되면 깜짝 놀라거나 충격을 받을 만한 비밀들을 가지고 있다.		
25	나는 나의 과거에 있었던 어떤 특정한 것에 대해 당혹스럽거나 치욕감을 느끼기도 한다.		
26	자라면서 내가 한 일에 대해 칭찬이나 지지를 받지 못해왔다.		
27	나는 뭔가를 잘못한 후에 하나님께 기도하는 것이 어렵다.		
28	나는 원래의 가족들과 함께할 때 내가 성인으로 취급되고 있다고 느끼는 일이 드물다.		
29	나는 일들이 내 방법대로 되어야 한다고 생각한다.		
30	나는 나 자신을 너무 심각하게 여긴다.		

점수 : T로 나타날 반등들의 전체 개수 : 합계(　　　　)

수치를 나타내는 점수에 대한 해석 : 0~9=약간, 10~15=보통, 15 이상=심각함.
(아주 낮은 점수는 '부인'을 나타내는 것일 수도 있음)
출처 : CURTIS LEVONG 박사의 "외부의 좋은 부분과 내면의 나쁜 감정을 보기"

상처받은 내면아이 질문지

A. 정체성(Identity)

1	새로운 일을 시작하려고 계획할 때마다 걱정되거나 두렵다.	
2	모든 사람들이 좋아하는 멋진 사람이지만 나 자신에 대한 확신은 없다.	
3	반항적이며 다른 사람과 다를 때 살아 있다는 것을 느낀다.	
4	숨겨진 나 자신의 깊은 곳에서 무엇인가 내게 잘못된 것이 있다고 느끼고 있다.	
5	나 자신이 마치 창고와 같아서 아무것도 내다버릴 수가 없다.	
6	남자로서 혹은 여자로서 부족하다고 느낀다.	
7	성별에 대해 혼란스럽다.	
8	왠지 나 자신을 두둔하면 죄책감이 느껴지기 때문에 차라리 다른 사람들의 편을 드는 게 낫다.	
9	새로운 일을 시작하기 어렵다.	
10	일을 끝내는 게 어렵다.	
11	자기만의 생각을 가져 본 적이 드물다.	
12	자신의 부족함에 대해 계속해서 스스로를 비판한다.	
13	나 자신이 아주 죄 많은 사람이라고 생각하고 지옥에 갈까 봐 무섭기도 하다.	
14	아주 엄격하고 완벽주의자다.	
15	한 번도 내가 능력이 있다고 생각해 본 적이 없고 제대로 일을 해 본 적도 없다.	
16	진정으로 원하는 것이 무엇인지 모른다는 생각이 든다.	
17	완전한 성취자가 되기 위해서 나 자신을 통제한다.	
18	성적으로 매력적이지 못하면 아무것도 아니라는 생각이 든다. 혹시 나 자신이 멋진 연인이 되지 못하면 버림 받거나 거절당할까 봐 겁난다.	
19	인생이 공허하다. 대부분의 시간 동안 우울하다.	
20	나 자신이 누구인지 정말 모르겠다. 나의 가치가 어느 정도인지, 어떤 것에 대해 어떻게 생각하는지 모르겠다.	

B. 기본적인 욕구(Basic Needs)

1	기본적으로 나 자신을 포함해 다른 사람을 믿지 않는다.	
2	예전에 혹은 지금 중독자와 결혼했다.	
3	관계에 있어서 너무 강박적이거나 통제적이다.	
4	중독자이다.	
5	관계에서 고립되어 있으며 다른 사람들, 특히 권위자를 무서워한다.	
6	혼자 있는 게 싫기 때문에 그러지 않기 위해 무엇이든 하려고 한다.	
7	다른 사람들이 내게 기대한다고 생각되는 걸 하고 있는 자신을 발견하곤 한다.	
8	어떤 상황이든 분쟁은 피한다.	
9	다른 사람의 의견에 싫다고 말을 해 본 적이 거의 없으며 그들의 제안에 따라야 할 것 같다.	
10	지나친 책임감이 있다. 그래서 혼자보다는 다른 사람들에게 관여하는 게 훨씬 편하다.	
11	다른 사람에게 직접적으로 싫다고 말하지는 않고, 다른 사람의 요구에 대해서는 아주 교묘하고, 간접적이며, 소극적인 방법으로 거절한다.	
12	다른 사람들과 다투고 나서는 어떻게 해결해야 할지 잘 모른다. 그래서 상대방을 눌러 버리거나 아예 포기해 버린다.	
13	이해하지 못하는 부분에 대해서도 거의 해명을 요구하지 않는 편이다.	
14	종종 다른 사람들이 무슨 뜻으로 말을 했는지 추측하고, 그 추측을 바탕으로 대답한다.	
15	부모님 중 어느 한 분과도 가깝다고 느껴 본 적이 없다.	
16	사랑과 연민을 혼동하고, 동정할 수 있는 사람을 사랑하는 경험이 있다.	
17	누군가 실수하면 그것이 자신이든 다른 사람이든 비웃는다.	
18	아주 쉽게 그룹의 규칙에 따른다.	
19	나는 아주 경쟁적이며, 불쌍한 패배자이다.	
20	제일 큰 두려움은 버림받는 것이기 때문에 관계를 유지하기 위해서는 무엇이든 할 수 있다.	

C. 사회성(Sociality)

1	언제 피곤하고 배고프고 흥분하는지 등 신체적 욕구에 대해 아무것도 느끼지 못한다.	
2	다른 사람들이 나한테 손대는 게 싫다.	
3	정말로 원하지 않을 때라도 종종 섹스를 한다.	
4	예전에 혹은 현재 섭식장애가 있다.	
5	구강성교를 좋아하고 그것에 집착한다.	
6	무엇을 느끼는지 잘 모른다.	
7	화가 났을 때 나 자신이 부끄럽다.	
8	다른 사람들이 화를 내는 것이 무섭다. 그걸 막기 위해서는 무엇이든 하려고 한다.	
9	눈물이 날 때 자신이 부끄럽다.	
10	겁이 날 때 자신이 부끄럽다.	
11	화를 잘 내지 않지만 화가 났을 때는 아주 격노한다.	
12	별로 좋지 않은 감정은 거의 표현하지 않는다.	
13	항문섹스(Anal Sex)에 아주 집착한다.	
14	가학적이거나 학대적인 변태섹스(Sadi/Masochistic Sex)에 집착한다.	
15	자신의 신체적인 기능이 부끄럽다.	
16	수면장애가 있다.	
17	포르노 영화를 보는 데 비정상적으로 많은 시간을 보낸다.	
18	다른 사람들을 자극하기 위해 자신을 성적으로 보이려 한 적이 있다.	
19	어린아이에게 성적인 매력을 느끼지만 그것을 행동으로 보일까 봐 걱정이다.	
20	음식 또는 섹스가 나의 가장 큰 욕구라고 믿는다.	

★ 만약 3가지 질문서에서 합이 10개 이상인 항목에 '예'라고 대답을 했다면 심각한 상황이라고 할 수 있다.

출처 : John Bradshaw의 「상처받은 내면아이 치유」(학지사)

핵심감정 검사

〈검사 방법〉

1. 아래 16개의 표에서 평소 나의 행동과 느낌을 말해주는 항목에 V표를 해보세요.
2. V표가 많은 감정이 당신의 핵심감정일 가능성이 높습니다.

나이 : _____세   성별 : _____

1. (   )개

대인 관계	위축되어 있다.	긴장되어 있다.	요구를 못 한다.	거절을 못 한다.
가족 관계	집에서는 파김치가 된다.	늘 지쳐 있다.	눈치 보게 한다.	함께 자리하기를 피한다.
일/ 공부	잘 하려고 한다.	혼자 다 한다.	할 일이 산더미같이 쌓여 있다.	
강점	열심히 산다.	맡은 바를 다 한다.	든든하다.	

2. (   )개

대인 관계	이기려고 한다.	지고는 못 산다.	조급하다.	전투적이다.
가족 관계	비교를 잘 한다.	무시한다.	표현이 자극 적이다.	경쟁대상으로 본다.
일/ 공부	1등이 되어야 한다.	상대가 있으면 더 잘 한다.	이기는 데에 만 집중한다.	사소한 일에 목숨 건다.
강점	집중력이 있다.	포기하지 않는다.	성공 지향적 이다.	

3. (　　)개

대인 관계	남의 탓을 잘 한다.	건드리면 터진다.	권위에 반항적이다.	자존감이 낮아 상처를 잘 받는다.
가족 관계	조종하려 한다.	지배하려 한다.	책임지려 한다.	인정을 안 해주면 화를 낸다.
일/ 공부	확실하다.	장단점 파악 을 잘한다.	조직 관리 능력이 있다.	
강점	의리 있다.	정의감 있다.	설득을 잘 한다.	

4. (　　)개

대인 관계	소심하다.	기가 죽어 있다.	인정받으려고 애쓴다.	경쟁적이다.
가족 관계	비난한다.	마음에 안 들어 한다.	헌신적이다.	잘하도록 부추긴다.
일/ 공부	자책한다.	책임감 있다.	잘하려고 기를 쓴다.	쉽게 포기 한다.
강점	자기 자신을 잘 안다.	반성능력이 있다.	비교분석을 잘 한다.	끊임없이 자기 개발을 한다.

5. (　　)개

대인 관계	사람을 좋아한다.	혼자 있고 싶어한다.	의존적이다.	함께하고 싶어 한다.
가족 관계	의사소통이 일방적이다	밖으로 돈다.	은근슬쩍 상 대방이 하도 록 한다.	상처 줄까 봐 화를 못 낸다.
일/ 공부	시작을 잘 한다.	벌려 놓고 마무리를 안 한다.	혼자서 한다.	
강점	무사태평이다.	다른 사람을 편안하게 해 준다.	현재의 삶을 즐긴다.	주관이 뚜렷하다.

6. (   )개

대인관계	애잔하다.	살갑다.	친절하다.	미련이 많다.
가족관계	걱정이 많다.	간섭이 많다.	다정다감하다.	
일/공부	우유부단하다.	이상주의적이다.	일에 애정이 많다.	자기 것을 잘 챙긴다.
강점	감수성이 풍부하다.	대화를 즐긴다.	사람을 잘 챙긴다.	마당발이다.

7. (   )개

대인관계	잘 삐진다.	샘이 많다.	잘난 체하는 꼴을 못 본다.	공주병, 왕자병이 있다.
가족관계	나만 바라봐 주기를 바란다.	"놀아줘"	친밀하고 싶어한다.	영 순위이기를 바란다.
일/공부	최고가 되려고 한다.	나만 잘하면 된다.	쌤통이다.	다른 사람을 인정하지 않는다.
강점	자존심이 있다.	감수성이 예민하다.	감정을 잘 알아차린다.	잘났다.

8. (   )개

대인관계	눈치 본다.	조심스럽다.	다가가지 못한다.	자기주장이 약하다.
				상처받을까봐 두려워한다.
가족관계	엄격하게 대한다.	편하게 대하지 못한다.	두려움 때문에 화를 잘 낸다.	
일/공부	실패를 두려워한다.	시작하는 것이 힘들다.	시간이 걸린다.	상대방의 평가에 민감하다.
				혼자서 끙끙거린다.
강점	안전빵이다.	예의바르다.	끈기가 있다.	노력한다.

9. (   )개

대인 관계	상처를 잘 준다.	예민하다.	관계가 힘들다.	화를 참는다.
가족 관계	성질 부린다.	짜증낸다.	잘 삐진다.	긴강감을 느끼게 한다.
일/ 공부	시원하게 한다.	홧김에 저지른다.	갈등을 일으킨다.	일에 화풀이 한다. (일 중독)
강점	추진력이 있다.	에너지가 많다.	뒤끝이 없다.	

10. (   )개

대인 관계	관계 불감증	자주 잠수한다.	신경 쓰이게 만든다.	매사가 귀찮다.
가족 관계	표현을 못한다.	자신에게 화가 난다.	답답하게 만든다.	천불나게 한다.
일/ 공부	멍하다.	결과물이 없다.	엄두가 안 난다.	잠 속으로 피한다.
강점	경제적이다.	무리하지 않는다.	겸손하다.	엄청난 잠재 력이 있다.

11. (   )개

대인 관계	썰렁하게 한다.	무의미하게 만든다.	초월한 척 한다.	힘 빠지게 한다.
가족 관계	힘들게 한다.	허기지게 한다.	왕따 당한다.	
일/ 공부	의욕이 없다.	흥미가 없다.	게으르다.	
강점	경계가 없다.	욕심이 없다.	초연하다.	수용력이 있다.

12. (　　)개

대인 관계	기대에 부응하려고 애쓴다.	조용하다.	사라지고 싶다.	공평하게 대하지 않으면 슬퍼진다.
가족 관계	"미안해"를 입에 달고 산다.	감정을 꾹꾹 눌러 둔다.	기쁨조다.	필요한 존재가 되려고 노력한다.
일/ 공부	실망시키기 않으려고 노력한다.	열심히 한다.	헌신적으로 한다.	
강점	알아서 잘한다.	다른 사람의 심정을 잘 헤아린다.	꺼이꺼이 잘 운다.	

13. (　　)개

대인 관계	노심초사한다.	망설인다.	전전긍긍 한다.	안절부절 못한다.
가족 관계	확인 전화를 자주 한다.	잔소리가 많다.	강박적이다.	통제하려고 한다.
일/ 공부	완벽하게 준비한다.	깔끔하다.	철저하게 계획한다.	
강점	순발력이 있다.	세세하게 표현한다.	분위기메이커 이다.	열정적이다. 솔직하고 투명하다.

14. (　　)개

대인 관계	자기를 보호 하기 위해 거리를 둔다.	위협을 느낄 때 관계를 한다.	속으로는 떨고 있다.	'죽기 살기' 심정이다.
가족 관계	냉랭하게 대한다.	공포분위기를 조성한다.	천진난만 하다.	장난기가 있다.
일/ 공부	빈틈없다.	꼼꼼하다.	한순간도 놓 치지 않는다.	끝장을 본다.
강점	창의적이다.	상상력과 아이디어가 풍부하다.	속내가 따뜻하다.	여리다. 리더십이 있다.

15. (　　)개

대인 관계	거리를 둔다.	단짝을 만든다.	무관심한 척한다.	먼저 다가와 주길 기다린다.
가족 관계	소원하다.	적막하다.	무미건조 하다.	
일/ 공부	제대로 하려 한다.	완벽하게 하려 한다.	시도가 어렵다.	비난을 두려워 한다.
강점	완벽하다.	끈끈하다.	집중력 있다.	노골적으로 관심을 보인다.

16. (　　)개

대인 관계	초긴장상태다.	공격적이다.	아군 아니면 적군이다 (아군은 별로 없다).	적개심을 드러내기 두려워 외면한다.
가족 관계	감정표현이 극단적이다.	삭막하다.	쓸쓸하다.	
일/ 공부	실패는 죽음이다.	죽기 살기로 한다.	"내가 죽든지 네가 죽든지 해보자"는 심정이다.	
강점	올인한다.	목표지향적 이다.	위기 대처 능력이 있다.	

감정별로 V표 개수를 적어보세요. V표가 많은 감정이 당신의 핵심 감정일 가능성이 높습니다(8개 이하는 버림).

1. 부담감	2. 경쟁심	3. 억울함	4. 열등감
5. 외로움	6. 그리움	7. 질 투	8. 두려움
9. 분 노	10. 무기력	11. 허 무	12. 슬 픔
13. 불 안	14. 공 포	15. 소 외	16. 적개심

• 핵심감정은 다세대로 전수될 수 있다.
• 핵심감정은 나의 행동과 사고와 감정을 지배하는 중심 감정이다.
• 핵심감정은 나의 일거수일투족(一擧手一投足)에 다 배어 있다.

핵심감정 찾기

평소 나의 행동과 느낌을 말해 주는 항목에 해당하는 모든 것에 체크합니다.

1. (   )개

대인 관계	위축되어 있다.		긴장되어 있다.	
	요구를 못 한다.		거절을 못 한다.	
가족 관계	집에서는 파김치가 된다.		늘 지쳐 있다.	
	눈치 보게 한다.		함께 자리하기를 피한다.	
일/공부	잘 하려고 한다.		혼자 다 한다.	
	할 일이 산더미같이 쌓여 있다.			
강점	열심히 산다.		맡은 바를 다한다.	
	든든하다.			

2. (   )개

대인 관계	이기려고 한다.		지고는 못 산다.	
	조급하다.		전투적이다.	
가족 관계	비교를 잘 한다.		무시한다.	
	표현이 자극적이다.		경쟁 대상으로 본다.	
일/공부	1등이 되어야 한다.		상대가 있으면 더 잘한다.	
	이기는 데만 집중한다.		사소한 일에 목숨 건다.	
강점	집중력이 있다.		포기하지 않는다.	
	성공 지향적이다.			

3. (   )개

대인 관계	남의 탓을 잘한다.		건드리면 터진다.	
	권위에 반항적이다.		자존감이 낮고 잘 상처 받는다.	
가족 관계	조종하려 한다.		지배하려 한다.	
	책임지려 한다.		인정 안 해주면 화를 낸다.	
일/공부	확실하다.		장단점 파악을 잘 한다.	
	조직 관리 능력이 있다.			
강점	의리 있다.		정의감이 있다.	
	설득을 잘 한다.			

4. (   )개

대인 관계	소심하다.		기가 죽어 있다.	
	인정받으려고 애쓴다.		경쟁적이다.	
가족 관계	비난한다.		마음에 안 들어한다.	
	헌신적이다.		발하도록 부추긴다.	
일/공부	자책한다.		책임감이 있다.	
	잘하려고 기를 쓴다.		쉽게 포기한다.	
강점	자기 자신을 잘 안다.		반성 능력이 있다.	
	비교 분석을 잘 한다.		끊임없이 자기 개발을 한다.	

5. (   )개

대인 관계	사람을 좋아한다.		혼자 있고 싶어 한다.	
	의존적이다.		함께하고 싶어 한다.	
가족 관계	의사소통이 일방적이다.		밖으로 돈다.	
	은근슬쩍 상대방이 하게 한다.		상처 줄까봐 화를 못 낸다.	
일/ 공부	시작을 잘 한다.		벌여 놓고 마무리 안 한다.	
	혼자서 한다.			
강점	무사태평이다.		다른 사람을 편안하게 해 준다.	
	현재의 삶을 즐긴다.		주관이 뚜렷하다.	

6. (   )개

대인 관계	애잔하다.		살갑다.	
	친절하다.		미련이 많다.	
가족 관계	걱정이 많다.		간섭이 많다.	
	다정다감하다.			
일/공부	우유부단하다.		이상주의적이다.	
	일에 애정이 많다.		자기 것을 잘 챙긴다.	
강점	감수성이 풍부하다.		대화를 즐긴다.	
	사람을 잘 챙긴다.		마당발이다.	

7. (   )개

대인 관계	잘 삐친다.		샘이 많다.	
	잘난 체하는 꼴을 못 본다.		공주병, 왕자병이 있다.	
가족 관계	나만 바라봐주기 바란다.		"놀아줘"	
	친밀하고 싶어 한다.		영 순위이기를 바란다.	
일/공부	최고가 되려고 한다.		나만 잘하면 된다.	
	쌤통이다.		다른 사람을 인정하지 않는다.	
강점	자존심이 있다.		감수성이 예민하다.	
	감정을 잘 알아차린다.		잘났다.	

8. (   )개

대인관계	눈치 본다.		조심스럽다.	
대인관계	다가가지 못한다.		자기주장이 약하다.	
가족관계	엄격하게 대한다.		상처 받을까봐 두려워한다.	
가족관계	두려움 때문에 화를 잘 낸다.		편하게 대하지 못한다.	
일/공부	실패를 두려워한다.		시작하는 것이 힘들다.	
일/공부	시간이 걸린다.		상대방의 평가에 민감하다.	
강점	안전빵이다.		혼자서 끙끙댄다.	
강점	끈기가 있다.		노력한다.	예의 바르다.

9. (   )개

대인관계	상처를 잘 준다.		예민하다.	
대인관계	관계가 힘들다.		화를 참는다.	
가족관계	성질을 부린다.		짜증낸다.	
가족관계	잘 삐친다.		긴장감을 느끼게 한다.	
일/공부	시원하게 한다.		홧김에 저지른다.	
일/공부	갈등을 일으킨다.		일에 화풀이한다.	
강점	추진력이 있다.		에너지가 많다.	
강점	뒤끝이 없다.			

10. (   )개

대인관계	관계 불감증		자주 잠수한다.	
대인관계	신경 쓰이게 만든다.		매사가 귀찮다.	
가족관계	표현을 못한다.		자신에게 화가 난다.	
가족관계	답답하게 만든다.		천불나게 한다.	
일/공부	멍하다.		결과물이 없다.	
일/공부	엄두가 안 난다.		잠 속으로 피한다.	
강점	경제적이다.		무리하지 않는다.	
강점	겸손하다.		엄청난 잠재력이 있다.	

11. (   )개

대인 관계	썰렁하게 한다.		무의미하게 만든다.	
	초월한 척한다.		힘 빠지게 한다.	
가족 관계	힘들게 한다.		허기지게 한다.	
	왕따 당한다.			
일/공부	의욕이 없다.		흥미가 없다.	
	게으르다.			
강점	경계가 없다.		욕심이 없다.	
	초연하다.		수용력이 있다.	

12. (   )개

대인 관계	기대에 부응하려고 애쓴다.		조용하다.	
	사라지고 싶다.		공평하게 안 대하면 슬퍼진다.	
가족 관계	"미안해"를 입에 달고 산다.		감정을 꾹꾹 눌러둔다.	
	"기쁨조"이다.		필요한 존재가 되려고 노력한다.	
일/ 공부	헌신적으로 한다.		열심히 한다.	
	실망시키지 않으려고 노력한다.			
강점	알아서 잘한다.		꺼이꺼이 잘 운다.	
	다른 사람의 심정을 헤아린다.			

13. (   )개

대인 관계	노심초사한다.		망설인다.	
	전전긍긍한다.		안절부절못한다.	
가족 관계	확인 전화를 자주 한다.		잔소리가 많다.	
	강박적이다.		통제하려고 한다.	
일/공부	완벽하게 준비한다.		깔끔하다.	
	철저하게 계획한다.		세세하게 표현한다.	
강점	순발력이 있다.		열정적이다.	
	분위기 메이커이다.		솔직하고 투명하다.	

14. (   )개

대인 관계	자기를 보호하기 위해 거리를 둔다.		위험을 느낄 때 관계를 한다.	
	속으로는 떨고 있다.		'죽기살기' 심정이다.	
가족 관계	냉랭하게 대한다.		공포 분위기를 조성한다.	
	천진난만하다.		장난기가 있다.	
일/공부	빈틈없다.		꼼꼼하다.	
	한순간도 놓치지 않는다.		끝장을 본다.	
강점	창의적이다.		상상력과 아이디어가 풍부하다.	
	속내가 따뜻하다.		여리다.	리더십 있다.

15. (   )개

대인 관계	거리를 둔다.		단짝을 만든다.	
	무관심한 척한다.		먼저 다가와 주길 기다린다.	
가족 관계	소원하다.		적막하다.	
	무미건조하다.			
일/공부	제대로 하려고 한다.		완벽하게 하려 한다.	
	시도가 어렵다.		비난을 두려워한다.	
강점	완벽하다.		끈끈하다.	
	집중력이 있다.		노골적으로 관심을 보인다.	

16. (   )개

대인 관계	초긴장 상태다.		공격적이다.	
	아군 아니면 적군이다.		아군이 별로 없다.	
가족 관계	쓸쓸하다.		적개심을 드러내기 두려워 외면한다.	
	감정 표현이 극단적이다.		삭막하다.	
일/공부	실패는 죽음이다.		죽기 살기로 한다.	
	내가 죽든지 네가 죽든지 해보자는 심정이다.			
강점	'올인'한다.		목표지향적이다.	
	위기 대처 능력이 있다.			

수고하셨습니다. 감정별로 체크한 개수를 적어 보세요.

표시가 많은 감정이 당신의 핵심감정일 가능성이 높습니다.

만약 최고로 많은 숫자를 가진 감정이 10이라고 하면 그중 10이나 9에 해당하는 것이 핵심감정이고, 8부터는 핵심감정이 아니니 버리면 됩니다.

1. 부담감		2. 경쟁심		3. 억울함		4. 열등감	
5. 외로움		6. 그리움		7. 질 투		8. 두려움	
9. 분 노		10. 무기력		11. 허 무		12. 슬 픔	
13. 불 안		14. 공 포		15. 소 외		16. 적개심	

● 핵심감정은 대물림된다.
● 핵심감정은 나의 행동과 사고와 감정을 지배하는 중심 감정이다.
● 핵심감정은 나의 일거수일투족에 다 배어 있다.

저자 소개

심영도

연세대학교 경제학과 졸업
한세대 심리상담학과 수료
Bedts 가정 상담학과 수료
현대자동차 특수금융부 근무(前)
약사협회 신경정신분야 보수교육강사(前)
Heal Academy 선임강사(現)
Drug CVS 약국편의점 체인기업 대표(現)
아이월드제약 학술부 교수

AI
심리게임 입문서

발 행 일 2019년 1월 5일 초판 1쇄 인쇄
2019년 1월 10일 초판 1쇄 발행

저   자 심영도

발 행 처  크라운출판사
http://www.crownbook.com

발 행 인 이상원
신고번호 제 300-2007-143호
주   소 서울시 종로구 율곡로13길 21
대표전화 02) 745-0311~3
팩   스 02) 766-3000
홈페이지 www.crownbook.com
I S B N 978-89-406-3501-8 / 03110

특별판매정가 18,000원

memo